CADERNOS DE PESQUISAS MAÇÔNICAS

ENCONTRO NACIONAL

CADERNO 25

CADERNOS DE PESQUISAS MAÇÔNICAS 25

Motivação e Comprometimento do Maçom

Editora Maçônica "A TROLHA" Ltda.
Rua Castro Alves, 835 – Jd. Shangri-lá A – Fone (43) 3337-1982
Fax (43) 3326-0915 – Cx. Postal 238
CEP 86001-970 – Londrina – PR

Londrina, outubro de 2013

EDITORA MAÇÔNICA "A TROLHA" LTDA.
Rua Castro Alves, 835 – Jd. Shangri-lá A
86070-670 – Londrina – PR
Cx. Postal 238 – CEP 86001-970
Fone (43) 3337-1982 – Fax (43) 3326-0915
Site: www.atrolha.com.br
E-mail: redacao@atrolha.com.br

Coordenação Geral:
Conselho Editorial

1ª Edição:
2012

Tiragem:
1.700 exemplares

Projeto Gráfico e Diagramação:
Maristela Meneghetti

Capa:
Ulisses Candreva

Revisão:
Maris Christina Ribeiro Boni

Impressão e acabamento:
Viena Gráfica e Editora

Obediência: *Grande Oriente Independente de Minas Gerais*

Dados Internacionais de Catalogação na Publicação (CIP-Brasil)
CATALOGAÇÃO NA FONTE

M918 Motivação e comprometimento do maçom / Loja "Fraternidade Brazileira" de Estudos e Pesquisas -- 1ª ed. -- Londrina: Ed. Maçônica "A TROLHA", 2013.
184p.; 14,21 cm. -- (Cadernos de Pesquisas Maçônicas; 25).
Vários autores.
Trabalhos apresentados no XVIII Encontro de Membros Correspondentes (15:10:2011 : Juiz de Fora, MG)

ISBN: 978-85-7252-318-9

1. Motivação institucional maçônica. 2. Maçom e Maçonaria – Comprometimento organizacional. 3. Maçonaria – Motivação. I. Loja "Fraternidade Brazileira" de Estudos e Pesquisas. II. Cadernos de Pesquisas Maçônicas : Encontro Nacional. Título. III. Série.

CDD 366.1
CDU 061.236

Índices para Catálogo Sistemático:

1. Motivação institucional maçônica.
   061.236 (CDU)
2. Maçom e Maçonaria.
   061.236 (CDU)
3. Maçonaria – Motivação.
   061.236 (CDU)

Sumário

Apresentação dos Editores

Deve-se conhecer a meta antes do percurso.
Sartre

Conceitos de motivação e comprometimento têm sido grande preocupação nas administrações de empresas e instituições de um modo geral, sendo consideradas como as duas das principais funções dos seus gestores, inclusive para as nossas Lojas Maçônicas com o fim de manter motivados e comprometidos seus integrantes. Por força disto, "Motivação e Comprometimento do Maçom" foi o Tema escolhido para o XVIII Encontro de Membros Correspondentes da Loja Maçônica "Fraternidade Brazileira" de Estudos e Pesquisas, realizado no Oriente de Belo Horizonte – MG. Tema bastante atual e que tem requerido análises e autoavaliações no decorrer do processo de individuação e, posteriormente, na interação social e profissional do Maçom. A Maçonaria de um modo simplista é composta de Lojas e Obediências, e, como em toda instituição, seus integrantes, embora livre e de bons costumes, são chamados aos deveres e obrigações tanto para consigo mesmo quanto para o próximo. Há que se entender de início a diferenciação entre os dois termos. Enquanto o comprometimento está relacionado com um olhar estratégico da instituição como um todo, com planejamento de ações para atender o sistema administrativo corporativo, a motivação está diretamente relacionada ao autoconhecimento e à energia individual, que, se não bem cuidada, pode acabar. É certo como dois e dois são quatro que o estímulo está dentro de cada um e ninguém de fora poderá estimular ou desestimular quem quer que seja, já que a vida corriqueira e seus momentos é que tornará o Maçom mais ou menos adaptável, já que o estímulo está ligado à autorrealização de cada ser perante a vida e os sentimentos de cumprimento de dever implícito e pertencimento e reconhecimento dentro e fora de sua Loja. O amor, o prazer em se fazer o que gosta e a coragem têm sido relacionados em estudos dirigidos às pessoas potencialmente estimuladas. Preocupados com a evasão, muitas vezes imotivadas, de Obreiros das Oficinas, estudos, pesquisas e propostas foram feitos, e estão apresentados neste Livro, concentrando 11 trabalhos com algumas diretrizes de auxílio e compreensão dos Irmãos, mantendo-os comprometidos no cumprimento das ações planejadas pela Loja e motivados, estimulados para o trabalho no dia a dia. A Loja Maçônica "Fraternidade Brazileira" de Estudos e Pesquisas Maçônicas vem de modo sistemático contribuindo para um melhor entendimento das atividades em Loja e demonstrando o comprometimento coletivo e individual em seus Encontros Anuais de Membros Correspondentes. Instigar e promover situações que estimulem o Irmão a se comprometer, trabalhar e estudar tem sido um desafio constante da Maçonaria.

Londrina, agosto de 2013.
Os editores

A Verdadeira Maçonaria

Irm∴ Alberto Gabriel Bianchi
Or∴ Belo Horizonte – MG

À Glória do Grande Arquiteto do Universo

A Maçonaria é toda normatizada e bem organizada. Tudo tem um porquê.

Tem ensinamentos maravilhosos.

Não conseguimos tempo para transmitir os verdadeiros conhecimentos e, no entanto, trazemos o mundo Profano para dentro das Lojas e achamos que está tudo certo. É mais fácil, estamos acostumados.

A Verdadeira Maçonaria é aquela que sabe o que quer, tem objetivos bem planejados e um perfil definido para admissão dos seus membros.

Pretendo mostrar o que de maravilhoso tem nossa Instituição para ensinar e o que fazemos para atrapalhar.

A Verdadeira Maçonaria é aquela que cumpre com o seu regulamento as leis de seu país, respeita todos os Irmãos e a sociedade em que vive.

Na verdade o que pretendo é fazer um apelo a todos, aos jovens Maçons, de forma especial... *E a todos que querem unir-se a nós.*

Precisamos de vocês, os mais novos, que serão os futuros dirigentes da Loja e da Maçonaria. Precisamos da vossa ajuda para o futuro.

Somos uma Sociedade Iniciática e, portanto, não deve haver nas Sessões Maçônicas qualquer discussão ou qualquer coisa diferente dos Rituais, *portando, impertinentes, qualquer discussão sobre festas, filantropia, tudo que onere os Irmãos fora os compromissos obrigatórios da Loja (já planejados e dentro do programa orçamento), ou tudo que se discute fora da Instrução de Aprendiz. Artigo 137 do Regulamento Geral da GLESP.*

Não deve existir discussões. *As discussões iguais às do mundo Profano não têm sentido aqui dentro. Para que sagrar um Templo? Pra que toda esssa parafernália de Símbolos maravilhosos, e toda essa disposição?*

VAMOS DEIXAR BEM CLARO QUE NÃO É PROIBIDO FAZER FILANTROPIA, AO CONTRÁRIO, É BONITO E É PRÓPRIO DO MAÇOM, PORÉM, NÃO EM SESSÃO DE APRENDIZ E COMPANHEIRO.

O que não podemos é discutir dentro dos Templos.

Já pensaram numa Loja com 45 Irmãos, cada um pedindo ajuda para alguma entidade? O que seria? Não podemos abraçar o mundo e sim fazer as coisas bem-feitas. É preciso bom senso, meus Irmãos.

No passado, quando pretendiam alguma coisa, os Maçons planejavam e iam em busca. Tinham objetivos. NÃO TEMOS NEM OBJETIVOS, QUANTO MAIS PERFIL DO HOMEM MAÇOM QUE PRECISAMOS.

O mesmo raciocínio se aplica ao Grau de Instrução que é importante para o entendimento da nossa Instituição e nossa Filosofia. VAMOS INSTRUIR NOSSOS IRMÃOS. Sempre ouvi dizer que um país, uma Nação, não evolui sem cultura e educação.

Os Irmãos instruídos e formados serão bem diferentes e capazes. Nossa Instituição seria a maior de todas. Com isso, o crescimento voltará a ser gigantesco, uma vez que daremos mais credibilidade para a Ordem.

Isso depende da finalidade de cada Loja. Sabemos todos que existem Lojas voltadas a várias questões

questões políticas,
à filantropia,
ao esoterismo,
ao espiritualismo,
Lojas cabalísticas,
sociais e

também aquelas que nem sabem qual é a sua missão dentro da Instituição ou da comunidade.

Se isto não for feito, a priori, podemos afirmar com toda a segurança que "se a Loja não sabe o que quer, qualquer coisa serve".

O que devemos, é aprender aqui dentro e dar exemplos lá no mundo Profano. Pôr em prática o que aprendemos.

No caso da GLESP temos na capa do Ritual o seu BRASÃO – "SERENÍSSIMA" – com todo o seu significado e que todos deverão aprender. Hoje vamos nos ater à parte mais importante, ou seja, AUDI, TACE E VIDE

O que é um Ritual? Um manual que ***ordena*** *os passos de uma Cerimônia Maçônica. AQUI ESTÁ TODO O*

SEGREDO E, COM TODA NOSSA INTELIGÊNCIA, SOMOS INCAPAZES DE SEGUI-LO. "O RITUAL ORDENA.... E NÓS FALAMOS DE TUDO, MENOS O QUE DETERMINA O RITUAL, QUE É SEGUIR OS PASSOS QUE ELE ORDENA.

"AUDI, VIDE e TACE" - OUVI - VI e CALEI - AQUI ESTÁ TODO O SEGREDO E SUCESSO DA VERDADEIRA MAÇONARIA.

DEPOIS DEVERÍAMOS FALAR SOBRE outras Instruções".

AGORA VAMOS FUNDAMENTAR:

Aristóteles (384 – 322 a.C) afirmava que "a tarefa mais difícil para um homem ***comum*** *é guardar um segredo e permanecer em silêncio".*

Para o homem Maçom deveria ser fácil. Seria a diferença entre o Maçom e o Profano. E nós não fazemos essa diferença porque não aprendemos nas Lojas.

Pitágoras de Samos (571 – 496 a.C.), em relação ao Silêncio, exigia o mais absoluto sigilo de todos, quanto à Doutrina e Ritualística que empregava, além de **proibir qualquer manifestação oral por parte dos aprendizes, pelo período mínimo de três anos.** Este grau era chamado de "acústico", por apenas permitir a audição das situações. Pitágoras afirmava que "quem fala semeia e quem escuta recolhe". Devemos falar o correto para não semear tempestade.

Buda, em 500 a. C., defendia o Silêncio absoluto como condição "*sine qua non*" para se atingir o nirvana – o estado ideal de paz e plenitude. Ele próprio se manteve em Silêncio total por sete anos, de acordo com a tradição budista, antes de se tornar "O Iluminado".

Oswald Wirth *defende que o aprendizado deve ocorrer pelo Silêncio, evitando-se as palavras que podem faltar com a verdade.*

Nicola Aslan vai além, dizendo que "o Silêncio é um prelúdio de abertura para a revelação, que envolve os grandes acontecimentos, assinala o progresso, e o desejo de ouvir e entender o próximo".

Na Constituição de Anderson (1723), em seu art. 6º, é mencionado enfaticamente que não devemos "realizar conversações separadas sem permissão do Ven∴ Mestre, nem falar de coisas impertinentes ou indecorosas, nem agir jocosamente nem apalhaçadamente; nem usar linguagem indecente sob qualquer pretexto que seja".

Se continuarmos neste ritmo que estamos (aliás isso é dito no Brasil inteiro: já viramos um clube de serviço e de péssima qualidade), vamos nos aproximando perigosamente do perfil de outras agremiações que nada apresentam em termos de conteúdo Iniciático, sem conexão com as nossas tradições.

Ou nos silenciamos Ritualisticamente, buscando resgatar os antigos valores da contemplação, *ou vamos ser silenciados à força pelo abatimento generalizado de todas as Colunas. Ou uma Maçonaria Comercial.*

Devemos fazer uma breve reflexão sobre o real significado do termo "Silêncio", quando voltado ao Universo Maçônico, e sua relação na prática Ritualística.

Silêncio pode se apagar, silenciar, ficar mudo.

Quando entramos para a Maçonaria, aprendemos a dar os Primeiros Passos, balbuciar as primeiras Palavras,

Sinais e Toques. O Venerável nos mostra o primeiro e mais importante Instrumento Simbólico que é a Régua de 24 Polegadas. Adotamos uma nova forma de vida. Este agora será o nosso mundo.

Toda sociedade Iniciática tem sistema próprio e diferenciado de ensino. Na Maçonaria, só se entra através do processo de Iniciação, que é o que aconteceu conosco, por se tratar de uma Ordem Iniciática.

Ela tem uma metodologia própria de transmitir seus ensinamentos que deve ser respeitada em todos os sentidos para que tenhamos resultados satisfatórios. O passado nos comprova tal afirmação.

Devemos: ouvir, ver (com os olhos de enxergar) e calar, meditar. ESSE É O NOSSO SISTEMA DE ENSINO. É O MÉTODO PRÓPRIO E QUE FUNCIONA – É TUDO DIFERENTE LÁ DO MUNDO PROFANO. POR ISSO EXISTE O NOSSO MUNDO.

NÃO É PARA TRAZER AS COISAS DO COTIDIANO AQUI PARA DENTRO DA LOJA, CASO CONTRÁRIO, NÃO PRECISARÍAMOS ESTAR AQUI DENTRO DE UM TEMPLO MAÇÔNICO. FARÍAMOS AS REUNIÕES LÁ FORA.

Jules Boucher, no livro A MAÇONARIA SIMBÓLICA. (La Symbolique Maçonnique, Editeur Dervy, 1990), escreveu.

> *Tradicionalmente, durante todo o tempo que se está no estado de Aprendiz não lhe é permitido falar em LOJA e só o fará em momento oportuno e em algumas OBEDIÊNCIAS MAÇÔNICAS apenas só quando for COMPANHEIRO, outras só quando for MESTRE.*

Não é calar no sentido de mordaça, e sim exercitar a

paciência e a tolerância através do silêncio. Talvez vocês saibam até mais do que nós. Queremos aprender. O que ocorre é que queremos despertar, dentro de cada um, o gigante adormecido que existe e que não sabemos e nem vocês.

Adotamos uma nova forma de vida ou de viver.

Devemos evitar transformar coisas do mundo Profano como prática normal dentro das LOJAS.

Depois de passarmos pela Iniciação, saímos do mundo Profano, como chamamos o mundo comum onde vivemos. Ora, se chamamos assim o mundo que vivemos é porque o mundo da Maçonaria é diferente e, se é diferente, devemos vivê-lo como tal, de forma diferente.

Vamos aprender a falar balbuciando palavras estranhas e diferentes daquelas que estamos acostumados. Vamos nos alfabetizar aprendendo a ler, letra por letra. Aprender o som de cada uma e depois soletrá-las formando palavras e depois frases. Gramática, Lógica e Retórica.

"A Gramática é a ciência de falar sem erro. A Lógica (dialética) é a disputa aguda que distingue o verdadeiro do falso. A Retórica é a disciplina para persuadir sobre tudo o que for conveniente." Fazer discursos, peças de Arquitetura.

O ***"Trivium"*** *inclui aqueles aspectos das Artes Liberais pertinentes à mente, e o* ***"Quadrivium"****, aqueles aspectos das Artes Liberais pertinentes à matéria.*

Alguém já nos ensinou alguma coisa sobre as Sete Artes Liberais?

No passado as disciplinas foram divididas em duas partes: o *Trivium* (Gramática, Lógica e Retórica) e o *Quadrivium* (Aritmética, Geometria, Astronomia e Música).

O "*Trivium*" era o que poderíamos chamar, numa

analogia com a educação moderna, o Primeiro Grau do Aprendizado. De fato, para o aluno poder aprender outras coisas era preciso, primeiro aprender a falar, a escrever, a pensar e não conversar de forma desordenada como, na maioria das vezes, fazemos dentro das Lojas. Por isso tinha que aprender Gramática, Dialética e Retórica.

Dessa forma, a Maçonaria, ao recuperar a importância das Sete Artes Liberais e incluí-la no programa de Aprendizado Maçônico, presta um grande serviço à educação. Que os Irmãos possam realmente se valer disso.

Lentamente, foram minando, por fora e por dentro, todo ensino cívico e humanístico nas escolas, sob a orquestração de sistemas de governo... e governos que agem com interesses próprios ou escusos. Poucas escolas ainda mantêm o estudo do "humanismo" e a Maçonaria é uma delas.

Maçonaria é simples, não há necessidade de complicá-la.

Veja como aprendemos pouco. Veja quanto tempo perdido com tanta coisa e talvez nem tenhamos tido tempo de ouvir falar em:

Marco Vitrúvio Pollo, Abade Moreaux (Ciência Misteriosa dos Faraós), Pierre de La Ramée (Filósofo humanista Francês), Pitágoras de Samos (Filósofo e matemático grego). Aristóteles, Platão e Zoroastro – Quem já ouviu falar desse pessoal? O que a Loja ensinou sobre eles? E da "República" (Um mundo composto só por Deuses) e dos "Diálogos" de Platão que estão inseridos nos nossos trabalhos?

Através desse estudo, chegaremos à cripta dos grandes Filósofos, Grandes Luzes, Grandes Iniciados, dos Grandes Sábios do passado, e, aí, seremos diferenciados das pessoas do chamado mundo Profano.

São eles: Confúcio, Zoroastro ou Zaratustra, Sidarta ou Buda, Moisés, Hermes Trimegistus, Platão, Jesus de Nazaré e Maomé.

A Maçonaria quer que desenvolvamos o raciocínio para, cada vez mais, entendermos o que a Maçonaria objetiva através dos seus Rituais.

Já, já seremos Mestres e devemos ensinar de maneira correta, caso contrário, ficaremos eternamente ignorantes em relação à Maçonaria.

Uma das Cerimônias maravilhosas do mundo é uma Sessão Maçônica, tenham certeza disso. Só que é preciso entendê-la.

Nada é proibido, nos limites das Leis Democráticas de nosso País, só que juramos cumprir e fazer cumprir o Regulamento que ai está, e em vigência, caso contrário, teremos que mudar o Regulamento para evitarmos a propaganda enganosa.

BIBLIOGRAFIA:

GONZÁLEZ, Ethiel Omar Cartes. Loja "Guatimozin Nº 66". Tema de Palestra na Jornada Maçônica de São Paulo.

BIANCHI, Alberto Gabriel. A∴ R∴ L∴ S∴ "Cavalheiros da Amizade Nº 131".

Um Centro de Estudo e Pesquisa de Assuntos Maçônicos: Um Exemplo Que Deu Certo

Irm∴ Fadel David Antonio Tuma Filho
Or∴ Rio Claro – SP

O tema proposto aos membros correspondentes da tradicional Loja "Fraternidade Brazileira" de Estudos e Pesquisas, do Oriente de Juiz de Fora (MG), no ano de 2011, sobre "NOVAS FORMAS DE MOTIVAÇÃO INSTRUCIONAL MAÇÔNICO NO COMPROMETIMENTO DO MAÇOM COM A MAÇONARIA", além de oportuno e atual, veio instigar uma reflexão mais profunda sobre um assunto desafiador. Não raro, inúmeras Lojas vivenciam o problema e não encontram solução adequada. Temos agora a oportunidade para discutirmos e refletirmos sobre o tema. Quem sabe, desta discussão e reflexão saiam novas ideias e propostas que venham ao encontro de nossos anseios.

O Profano, quando Iniciado na Maçonaria, na maioria das vezes desconhece tudo sobre a Filosofia, a Ritualística, a Administração e a Organização da Ordem. Não raro, a adaptação e o conhecimento básico, mínimo, próprio para o 1º Grau (de qualquer Rito), demanda um bom tempo para ser adquirido. Às vezes, o Irmão atinge a Plenitude Maçônica (Grau de Mestre), ainda com sérias dúvidas sobre procedimentos corriqueiros em Loja, sobre o significado do Simbolismo que deveria ter conhecimento no Grau de Aprendiz e no Grau de Companheiro.

Existe uma grande possibilidade de a baixa frequência, e mesmo os inúmeros casos de Irmãos adormecidos precocemente, ter forte relação com a falta de conhecimento dos ensinamentos da Maçonaria. Toda Ordem Iniciática, como é a Maçonaria, exige dos seus membros constante aperfeiçoamento e os Graus a serem galgados correspondem exatamente a isso: o paulatino e sequencial conhecimento a ser adquirido ao longo do tempo, para se alcançar o aperfeiçoamento pessoal na edificação do Templo Interior. Há todo um conjunto de conhecimento normatizado ao longo dos séculos e sabiamente arranjado de maneira sequencial para ser ministrado e aprendido, estudado e posto em prática por todos os Iniciados no decorrer de sua Vida Maçônica.

Podemos dizer que a Filosofia Maçônica é uma filosofia de vida que todos nós, Maçons, incorporamos na Iniciação e nos aperfeiçoamos ao longo da subida da Escada de Jacó. Essa "catarse" que nosso espírito e consciência sofrem torna-se algo fundamental para que possamos dizer que a Maçonaria adentrou em nós (e não, necessariamente, o contrário).

A necessidade de um aparato que forneça o conhecimento, pelo menos básico, sobre a Ordem Maçônica, revela-se imprescindível e importantíssimo para qualquer Loja Maçônica que pretenda criar Maçons conscientes e comprometidos com a Maçonaria. O conhecimento dissipa a insegurança e no caso da Maçonaria sedimenta o caminho na formação do Livre Pensador, objetivo final da Filosofia Maçônica.

Foi com base em tudo isso exposto que os Irmãos da Augusta, Respeitável e Grande Benfeitora Loja Simbólica "Estrela do Rio Claro Nº 469" resolveram criar um órgão que desenvolvesse estudos e ensino para os Maçons Iniciados e aos que desejassem buscar maiores conhecimentos.

A LOJA "ESTRELA DO RIO CLARO" – UM PEQUENO HISTÓRICO NECESSÁRIO

A centenária Loja "Estrela do Rio Claro" foi fundada em 7 de dezembro de 1895, e surgiu como "salvadora" da Loja Fraternidade Terceira, que havia sido fundada em 1868 e "Abatido Colunas" em 1871. Alguns Irmãos, remanescentes da Fraternidade Terceira, 24 anos depois fundaram a Loja "Estrela do Rio Claro".

Trata-se, pois, de uma Loja Maçônica muito tradicional, Federada ao Grande Oriente do Brasil e Jurisdicionada ao Grande Oriente de São Paulo. É detentora do título de "Grande Benfeitora" e agraciada com a Cruz da Perfeição Maçônica. A importância e a influência da Loja Estrela ultrapassa o Oriente de Rio Claro, Estado de São Paulo. Abriga no seu templo todos os Corpos Filosóficos (Loja de Perfeição, Capítulo, Kadosh e Consistório). Isso significa que um Irmão Iniciado na Loja pode seguir, no mesmo espaço, e galgar todos os Graus, do 1º ao 32º (a patente do Grau 33º através do Supremo Conselho do Brasil para Grau 33 do Rito Escocês Antigo e Aceito é recebida somente no Palácio Maçônico, no Campo de São Cristóvão, no Rio de Janeiro).

A maioria das Lojas da cidade de Rio Claro e de outras cidades próximas (como Santa Gertrudes, Limeira, Araras, Pirassununga, Porto Ferreira) teve Lojas fundadas com o apoio da Loja "Estrela do Rio Claro". A existência de um Conselho Maçônico que congrega os Mestres Instalados (Veneráveis e ex-Veneráveis) de todas as Potências Maçônicas se deve também à Loja Estrela. Este Conselho, com a administração rotativa, se reúne mensalmente e analisa nomes de candidatos, interage com a comunidade, envolvendo a Maçonaria com os problemas locais e funciona também como órgão de pressão política, em benefício da comunidade. Um Irmão da Loja "Estrela" já foi Grão-Mestre Estadual e outros já ocuparam Cargos no secretariado do Grão-Mestrado. Atualmente, com o apoio abnegado de Irmãos, a Loja mantém uma instituição beneficente para crianças carentes.

Além disso, a Loja Estrela possui um museu, com documentos, desde o Século XIX, e dezenas de objetos importantes (como uma espada oferecida por D. Pedro II à Loja) e uma excelente biblioteca, com um considerável acervo de Livros e Revistas Maçônicos e mais de mil trabalhos de Irmãos, arquivados e catalogados.

Com toda esta importância e sendo uma referência para as Lojas da região e do Estado de São Paulo, alguns Irmãos decidiram transformar na prática o Ensino Maçônico. Inicialmente para os Aprendizes e Companheiros.

O INÍCIO – O PIONEIRO – A "ESCOLINHA"

Um querido Irmão chamado Antônio Carlos Gama, professor aposentado, começou a reunir os Aprendizes e

Companheiros, numa noite da semana, diversa do dia da reunião da Loja (a Loja se reúne todas as sextas-feiras). De modo informal e com a anuência do Venerável da Loja o Irmão Gama "batia um longo papo" sobre Maçonaria, as Origens, os Mitos, o Simbolismo, o Esoterismo, os Cargos em Loja, etc. Isso foi no ano de 1990. O Irm∴ Gama exercia um grande fascínio em todos os Aprendizes e Companheiros e, não raro, em muitos Mestres que ali compareciam, para ouvi-lo.

A bem da verdade, houve da parte de alguns Irmãos mais antigos, críticas sobre a "escolinha". Mas, em geral, tais críticas vinham de Irmãos que nunca tinham feito nada, muito menos para a motivação Instrucional da Loja.

Sempre às terças-feiras, das 20 horas às 22 horas. Duas horas imperdíveis. Depois, era comum irmos juntos para um agradável e tradicional barzinho ("Esquina do Veneno") e, regado com um bom chopp gelado e um sanduíche de pernil, continuávamos nosso "papo", desta vez girando em torno de "futilidades" profanas, por mais uma ou duas horas. Quem viveu aquela época não esquece jamais aquelas noites.

O que verificamos no decorrer do tempo é que dali saíram Irmãos que ainda hoje vibram e vivem plenamente a Filosofia Maçônica, inclusive Irmãos de outras Lojas que ali participavam. As reuniões do Irm∴ Gama era uma espécie de "peneira". Os que não se encontravam com a Maçonaria em geral desistiam, adormecendo, e nem chegavam ao Grau de Mestre Maçom.

Essas "aulas" de Maçonaria perduraram por vários anos, até que, nos fins da década de 1990, o Irm∴ Gama, com a saúde debilitada, teve que interromper a "escolinha", como era chamada carinhosamente pelos Irmãos. Outros Irmãos procuraram assumir voluntariamente os trabalhos da “escolinha”. Nós mesmo, antigo “aluno” da “escolinha” do Gama, tivemos o empenho de ajudar muitos Irmãos Aprendizes e Companheiros, buscando manter viva aquela iniciativa pioneira e importantíssima. Foram tempos difíceis, pois substituir à altura um Irmão como o Gama não era tarefa fácil.

O Irm.·. Gama havia produzido duas apostilas: uma para Aprendizes e outra para Companheiros. E, a partir desse material impresso, continuamos a ministrar as “aulas”, mesmo sem o carisma do Gama. Acreditamos que nosso esforço não foi em vão. Muitos dos Irmãos que ajudamos na “escolinha” hoje ocupam lugares de destaque na administração da Loja Base (inclusive na Venerança) e dos Corpos Filosóficos.

SURGE O CEPAM – UM CENTRO DE ESTUDOS MAÇÔNICOS

A necessidade de criação de um centro de estudos e pesquisas sobre assuntos Maçônicos surgiu a partir de alguns acontecimentos, no decorrer dos anos. Por exemplo, a Loja Estrela do Rio Claro ao ajudar na fundação de outras Lojas incentivou a indicação de Candidatos para os Quadros dessas Lojas e, de certo modo, descuidou-se de suas próprias Colunas. Muitos dos Irmãos que ajudavam a manter viva a “escolinha” dispunham de pouco tempo, pois ainda exerciam suas atividades profissionais. A Loja “Estrela”, nos meados da década de 1990, passou por uma grande reforma no seu Templo e por dois anos teve que trabalhar no Templo de outra

Loja, gentilmente cedido aos Irmãos. A enfermidade do Irm∴ Gama que obrigou seu afastamento das atividades da Loja também contribuiu, certamente. Todos esses fatores, entre outros, levaram a "escolinha" a arrefecer suas atividades.

Havia necessidade de se criar algo formal, regulamentado e com suporte oficial da Loja, e não oficioso e informal como era a "escolinha". Desta feita, por ato do Venerável da época (2003), foi criado o CEPAM – CENTRO DE ESTUDOS E PESQUISAS DE ASSUNTOS MAÇÔNICOS IRM∴ ANTÔNIO CARLOS GAMA.

No ato de criação, ficou estipulado que o Coordenador Geral e o Coordenador Adjunto seriam, respectivamente, o 1º Vigilante e o 2º Vigilante e que o CEPAM também seria o responsável pela administração da Biblioteca e do Arquivo e Museu Histórico da Loja. Logicamente que o CEPAM está subordinado diretamente ao Venerável Mestre.

As aquisições e posterior controle de equipamentos audiovisuais, bem como livros e revistas para a Biblioteca e outros materiais de interesse para o Arquivo e Museu Histórico, também seriam de responsabilidade do CEPAM.

Existe um regimento interno que regula o funcionamento do CEPAM, inclusive estabelecendo a designação de instrutores e a produção dos programas a serem ministrados aos Aprendizes, Companheiros e Mestres.

DESDOBRAMENTOS IMPORTANTES – APRENDER É PRECISO

A região Maçônica onde se encontra a Loja "Estrela do Rio Claro" corresponde a um Distrito Maçônico que abrange várias cidades do Centro-Nordeste paulista. Foi nesta região, por iniciativa de Irmãos da Loja "Estrela" e do Oriente de Limeira, que surgiu o ERAC – Encontro Regional de Aprendizes e Companheiros, no Estado de São Paulo, evento que se realiza a cada seis meses (um encontro no 1º semestre, entre maio e junho, e outro no 2º semestre, em novembro). Atualmente (2011), está na sua 56ª edição, neste Distrito Maçônico pioneiro e já disseminado por praticamente todo o Estado de São Paulo, no âmbito da Jurisdição do Grande Oriente de São Paulo e GOB. Nesses encontros, os Aprendizes e Companheiros de cada Loja apresentam temas Maçônicos (sempre no nível do 1º Grau), previamente determinados. São encontros rotativos, cada vez num Oriente previamente escolhido e a cargo de uma das Lojas participantes, o ERAC prioriza o debate entre os Aprendizes e Companheiros, sendo a participação dos Mestres apenas para tirar dúvidas ou dar maiores esclarecimentos, se necessário.

Os trabalhos apresentados nos ERAC's também são de responsabilidade do CEPAM, no caso da Loja "Estrela do Rio Claro". Os Aprendizes e Companheiros, ao produzirem o trabalho que representará a Loja no ERAC, sempre são orientados por um Mestre Instrutor. Tradicionalmente o trabalho é apresentado num Tempo de Estudo, de modo que todos os Irmãos da Loja possam apreciá-lo e, se necessário, criticá-lo.

Há no regulamento do CEPAM, em consonância com o regimento interno da Loja, algumas obrigações, como o mínimo de frequência (50/75%) nas "aulas", pelos Aprendizes e Companheiros para receberem Aumento de Salário e a presença em pelo menos um ERAC para obterem suas Elevações e Exaltaçõcs.

UM EXEMPLO DE PROGRAMAÇÃO MINISTRADA (2011)

No **segundo semestre de 2011**, como exemplo, no CEPAM foi programado o seguinte calendário:

dia/mês	Assunto para AAPR.·.	Assunto para CCOMP.·.
09/08	Câmara de Reflexões Leitura da Apostila pág. 01 a 06	Informações sobre o ERAC
23/08	Leitura da Apostila pág. 06 a 09	Leitura da Apostila pág. 01 a 05 Tirar dúvidas sobre o ERAC
13/09	Sobre o Mestre de Cerimônias	Sobre o Mestre de Cerimônias
27/09	Leitura da Apostila pág. 10 a 12	Leitura da Apostila pág. 06 a 10
04/10	Revisão Trabalho do ERAC e leitura da Apostila pág. 12 a 14	Revisão Trabalho do ERAC e leitura da Apostila pág. 11 a 14
18/10	Apresentação do Templo	Apresentação do Templo
08/11	O que é ser Chanceler	O que é ser Chanceler
22/11	O que é ser Hospitaleiro	O que é ser Hospitaleiro
06/12	Confraternização	Confraternização

É interessante observar que cada assunto, tanto para Aprendizes como para Companheiros, recebe as Instruções de um Mestre Maçom convidado. No caso do Chanceler, do Hospitaleiro ou do Mestre de Cerimônias, nesta programação, por exemplo, os próprios Oficiais do Cargo são os convidados a falar de seus ofícios. Nas leituras das respectivas apostilas, seja de Aprendiz ou de Companheiro, sempre um Mestre Maçom instrutor acompanha a leitura e tira as dúvidas. A programação é flexível e adequada para cada momento da Loja, como, por exemplo, com a chegada de novos Aprendizes.

Desta forma, as Instruções básicas são transmitidas e assimiladas pelos Irmãos que iniciam o caminhar, ou melhor, a subida da Escada de Jacó.

CONSIDERAÇÕES FINAIS

Na busca de NOVAS FORMAS DE MOTIVAÇÃO INSTRUCIONAL MAÇÔNICA NO COMPROMETIMENTO DO MAÇOM COM A MAÇONARIA, acreditamos que a centenária Loja "Estrela do Rio Claro", do Oriente de Rio Claro, Estado de São Paulo, conseguiu amadurecer um mecanismo de ensino sobre a Maçonaria, privilegiando os Aprendizes e Companheiros. Pela experiência de quase uma dezena de anos, já é possível constatar a excelência do método aqui apresentado, no sentido não somente de trazer Cultura Maçônica aos Iniciados, como também no consequente comprometimento do Maçom com sua Loja e com a Ordem. Registramos baixíssimos índices de desistência e a média de frequência em reuniões da Loja pelos Irmãos é animadora. Num universo de pouco mais de 110 Membros, a Loja "Estrela do Rio Claro" registra uma frequência média que gira em torno de 50% a 60%, considerando que um grande número de Irmãos, pela idade e tempo de Maçonaria, são remidos e estão dispensados da frequência (a média de idade dos Irmãos da Loja "Estrela" é relativamente alta, acima de 50 anos).

Com tudo isso, vale uma reflexão sobre o assunto que

oportunamente veio à luz, como tema da reunião anual dos Membros Correspondentes da Loja "Fraternidade Brazileira". Diga-se mais, que o assunto da motivação instrucional Maçônica é deveras fascinante e importante, pois não se esgota aqui. Muito pelo contrário, exige de nós, Maçons comprometidos, uma constante busca para aperfeiçoar instrumentos, formas e métodos para melhor responder aos desafios que constantemente surgem. Desta forma, poderemos aprimorar cada vez mais o ensino da Cultura Maçônica, da sua Filosofia, da sua Ritualística, do seu Simbolismo, da sua História, enfim, do seu legado.

Novas formas de Motivação Instrucional Maçônica no Comprometimento do Maçom com a Maçonaria.

Como administrar Instruções para os Três Graus

Irm∴ Luiz Carlos Trainini
Or∴ Porto Alegre – RS

As Lojas Maçônicas brasileiras, nos variados Ritos e Potências, sofrem frequentemente de um número elevado de desistências (Quite Placet) nos três Graus. Algumas razões deste fato relacionam-se com a falta de planejamento das instruções, nem sempre claras e interessantes, e a preocupação com as outras datas a que uma Loja está sujeita em seu calendário. Outra razão se deve ao preparo insuficiente de Mestres que não leem e não realizam pesquisas, tornando suas Instruções pouco atraentes e com parco conteúdo científico, cultural e esotérico.

Vemos ainda os Obreiros trazerem temas de sua profissão, atuais, bem escritos e descritos, entretanto são assuntos

Profanos, sem um cunho Maçônico, portanto, mesmo que haja o entendimento da Loja, não são relevantes à Arte Real, por conseguinte, não podem ser consideradas como Instruções, e sim matérias gerais e que não deveriam tomar o tempo dos trabalhos, uma vez que, para que a Reunião não se prolongue, os verdadeiros fatos da Maçonaria serão deixados para outra noite, o que é lamentável.

Mas o que é Maçonaria?

> *A Maçonaria é uma atividade empreendida por homens intimamente unidos que, empregando formas simbólicas tiradas principalmente do ofício de pedreiros e da arquitetura, trabalham pelo bem-estar da humanidade, esforçando-se por melhorar a si mesmos e melhorar os demais, com o objetivo de construir uma liga universal de humanidade, da qual acredita ser atualmente uma pequena representação. (*HANDBUCH-MANUELLER DEUTSCHER DER MAURERARBEIT*).*

Percebe-se, por essa definição, que os Maçons devem estar intimamente unidos e que, através do antigo simbolismo operativo dos pedreiros, devem trabalhar (arbeiten) em prol do bem comum, buscando o aperfeiçoamento de si mesmos, enquanto concorrem para a melhora de seu Irmão, passando necessariamente pelo estudo, pela busca e divisão do saber, trabalhando pelo bem-estar da humanidade, mas o que se nota na maioria das Lojas é que os Mestres imaginam-se detentores do saber, "chegaram à Plenitude Maçônica", ou seja: sabem tudo, não precisam ler mais nada nem apresentar peças de arquitetura, pois isso é para Aprendizes e Companheiros, Mestre só apresenta teses. Ledo engano. Inadvertidamente ou por vaidade, falam abertamente em Loja sobre temas de outros Graus, acima do que está sendo trabalhado naquela noite, bem como trazem assuntos dos Graus não simbólicos, chamados na prática de superiores ou filosóficos, como se uma Loja Simbólica fosse considerada inferior e que nela não se praticasse os conhecimentos filosóficos da Arte Real. Causa nos Aprendizes e Companheiros um sentimento de inferioridade, inveja, vontade de chegar logo o seu tempo de ascender a esses Graus, desconhecendo a beleza e profundidade do que está colado.

DESINTERESSE PELO ESTUDO

Esses fatos são evidentemente atos falhos dos VV.·. MM.·., dos VVig.·. e dos demais Mestres, que não estimulam, não incentivam, não mostram a beleza, importância e profundidade do nome "Maçom", dando a triste constatação que só o é quem galgar a esses "Altos" Graus da Escada de Jacó, mesmo que não tenha lido, entendido e aprendido o que é ser Maçom, o que é Maçonaria .

O Grau de Aprendiz e o de Companheiro deveriam ser intensamente trabalhados, pois são a base da Loja, suas Colunas de sustentação, amados como uma poesia, venerados como uma obra do Grande Arquiteto do Universo, motivos de alegria e orgulho e, se isso fosse possível, e é, então suscitariam a vontade de participar dos trabalhos, a ânsia de que chegue a noite da Reunião, fariam as Lojas ficarem cheias, com entusiasmo, com amor, mas tristemente se percebe o esvaziamento, desinteresse e, se não for tomada uma atitude, um "mea culpa" da parte das Luzes, ficaremos vendo a estatística da alta frequência nos outros países e se perguntando o que está acontecendo conosco. O Mestre deveria ser considerado como o telhado, o qual só seria colocado no final, como complemento e auxílio, completando o Telhamento, mas jamais como a peça principal, desse modo auxiliando na edificação do Templo Espiritual, fundindo os Templos, Interior e Exterior em um só.

> *O ensino brasileiro de maneira geral foi apontado como um entrave para que o País melhore sua posição no índice de Desenvolvimento Humano, medido pela ONU; ficamos em 73° entre os 169 países pesquisados, perdendo para 11 nações da América Latina e Caribe. Segundo levantamento recente, a USP, considerada a melhor universidade do Brasil, ficou em 232 entre as melhores universidades do mundo* (FERREIRA, Antônio do Carmo – Educação e Maçonaria – Ed. "A TROLHA", 2011).

Nossos Mestres não são expressões da Loja? Ela, por sua vez, não expressa a realidade brasileira? Se os caminhos do ensino brasileiro estão ruins, em contrapartida, como pode haver motivação instrucional em Loja? Os Mestres estão plenamente preparados? Não são porventura esses mesmos Mestres cidadãos brasileiros, convivendo com o baixo índice de escolaridade de nossa juventude? Em que diferem dos estudantes, os quais serão os futuros Iniciados em nossas Lojas?

> *...mais de 50% de nossos estudantes não passam do nível 1 de proficiência em leitura de uma escala de 6 níveis. A situação é pior na área da matemática. Em ciências, uma das áreas que qualificam as crianças e jovens para a produção futura do conhecimento científico e tecnológico, mais de 54% dos estudantes ainda estão no nível 1 e abaixo dele* (JORNAL DO COMÉRCIO de 12-12-2010).

FREQUÊNCIA NAS LOJAS MAÇÔNICAS

O Iniciado abandona a Loja por três motivos: dois de nascimento e um de crescimento.

1 – O mal escolhido – o Candidato era amigo do Padrinho, detinha Cargo político, desfrutava de alto cargo na sociedade, mas não foi levado em conta se tinha o perfil e vocação para ser Maçom.

2 – O mal Iniciado – Iniciação bisonha ou bizarra, não séria, em um teatro malfeito.

3 – O mal instruído – pobreza didática do Instrutor, falta de leitura dos clássicos maçônicos, as Instruções sem embasamento histórico e científico, cheio de "achismos". (FERREIRA, Antônio do Carmo – Nas Canteiras da Arte Real – 2008).

COMO AGIR?

CAMINHOS A PERCORRER – ESTRATÉGIAS

PROGRAMAÇÃO DE UMA LOJA SIMBÓLICA

A programação de uma Loja Simbólica deve ser dividida em semestral e anual. Sua principal diferença está na sequência das Instruções, relacionadas aos Graus dos Obreiros, já que as demais ações serão programadas ao longo do ano.

PROGRAMAÇÃO ANTECIPADA VERSUS IMPROVISAÇÃO

Nada é mais importante e interessante do que a prévia programação, onde cada Obreiro sabe, antecipadamente, que temas serão apresentados nas reuniões seguintes, permitindo-

-lhe estudá-los ou no mínimo trazer suas dúvidas, assim como também está consciente do que perderá se não puder comparecer.

Há oportunidade ao Irmão determinado a apresentar a Peça de Arquitetura, que tenha bastante tempo para que possa prepará-la. O tema deve ser relativamente polêmico e atual, para que desperte o interesse comum. Mesmo quando se trata de fatos antigos, da história passada, por exemplo, como as origens, deve ser de forma inteligente, integrá-la ao momento atual, comparando e mostrando sua evolução, a razão daquele momento e o atual.

Triste, porém, quando o V.·. M.·. depara-se com os Vigilantes, na hora de iniciarem-se os trabalhos e nada foi preparado, necessitando improvisação, mostrando visivelmente aos Aprendizes e Companheiros o despreparo e desinteresse dos Mestres, o que é um grande desestímulo à frequência, sabem de antemão que nada de importante lhes será passado e que, sem dúvida, sua presença será perda de tempo. A trágica consequência é o abandono pela desilusão com a Loja e a Maçonaria, com o pouco valor que lhes foi creditado.

Peça de Arquitetura é todo trabalho lido. Um Improviso não será Peça de Arquitetura (DA CAMINO, Rizzardo, Vade-Mécum do Simbolismo Maçônico –2006).

TIPOS DE SESSÕES

Deve-se ser levado em consideração que em datas especiais não deverá haver instruções: *O Maçom, como todo ser humano, é curioso, suas emoções são influenciadas pelo meio em que vive e pela variação das reuniões, pelo ambiente da Loja, por isso, se forem variadas, respeitando Grau, Rito, Ritual e Ritualística, sempre haverá novidade, surgindo a vontade de saber o que virá a seguir. Não há a monotonia da mera repetição.*

Sessões Magnas:

- Aniversário da Loja;
- Dia do Maçom;
- Homenagem às Mães;
- Datas Estaduais (ex. 20 de Setembro no RS, Inconfidência Mineira em MG, etc.).

Sessões Especiais:

- Sessão Solene de Visita do S∴ G∴ M∴;
- Sessão conjunta com outra Loja – nesta poderá haver instrução, porém, a mesma deverá interessar a ambas as Lojas, fugindo em parte da programação inicial, pois, como todo bom Planejamento, deve ser uma "trilha e não um Trilho", segundo Albrecht (2002), o planejamento é uma metodologia gerencial que permite estabelecer a direção a ser seguida pela Loja, visando o maior grau de interação entre o programa e os Obreiros.
- Sessão de Iniciação (não deverá haver mais de duas por ano, e realizadas em maio ou junho, outubro ou novembro);
- Sessão de Elevação (não deverá haver mais de duas por ano, e realizadas em maio ou junho, outubro ou novembro);
- Sessão de Exaltação (não deverá haver mais de duas por ano, e realizadas em maio ou junho, outubro ou novembro);

- Sessões Administrativas – em Câmara do Meio;
- Sessão de Filiação – a data é imprevisível;
- Sessão de Regularização – a data é imprevisível.

Ressalte-se que em feriados nacionais, estaduais ou municipais não haverá sessão, exceto aquelas previstas no calendário da Loja.

INSTRUÇÕES

A Instrução é a ponte entre o Maçom e a Maçonaria (o conceito é meu). É obrigatório que haja Instrução em cada Sessão, entretanto, deverá ser dedicado entre dez e quinze minutos, em média por Sessão, para falar-se sobre um ou mais temas entre os livros e revistas da Biblioteca, ou algum assunto, capítulo, relacionados com os temas de maior aceitação entre os Obreiros ou da Maçonaria em geral.

Os temas a serem apresentados devem ser variados, nem tão resumidos que esvaziem seu conteúdo nem tão longos e difíceis, pois se tornam excessivamente acadêmicos, difíceis e enfadonhos, mas é fundamental que sempre seja buscado o *Logus* (Estudo) e o *Sofos* (Saber).

CONTEÚDO DAS INSTRUÇÕES

Obrigatórias de cada Grau, presentes nos Rituais, sendo 6 no Grau I, 3 no Grau II e 4 no Grau III (Rituais dos Três Graus do R.·. E.·. A.·. A.·.).

> *Quanto ao tema para desenvolvimento de um "Trabalho" a ser apresentado, como é previsto em nossa legislação, independente do Grau de Acesso, procuro, em consonância com os demais membros da comissão, escolher um tema,*

de caráter maçônico e, por vezes, biografia maçônica de um Ilustre Irmão. Um país se faz com homens e livros (ALVES. Peças de Arquitetura, 2008).

Toda Instrução a ser apresentada deve estar estritamente relacionada ao Grau em que a Loja esteja trabalhando, ou seja: nunca apresentar trabalho de Grau II em Loja de Aprendiz ou de Grau III em Loja de Companheiro ou relacionado aos Altos Graus em Loja Simbólica.

TEMAS EM DISCUSSÃO

O Grande Arquiteto do Universo
Ética
Moral
Honra
Tolerância
Disciplina
Conduta Maçônica
O Papel do Maçom na Sociedade
Educação e Maçonaria
Conduta Maçônica
O Silêncio
História
Egípcios e seus mistérios
Misticismo Grego
Origens da Maçonaria
Patente de Morin
Poema Regius
Guildas
Maçonaria Operativa e Especulativa
Cisma na Maçonaria
Iluminismo

Ciência
Teísmo e Deísmo
Maçonaria e Religião
O Dclta
A Letra "G"
Landmarks
O Simbolismo do Grau
O Esquadro e o Compasso
Iniciação
O Sigilo
O Juramento
Filosofia
Sócrates
Platão
Geometria
Artes Liberais
Astronomia
Evolução do Universo
Astronomia e Maçonaria
Estudo
Conhecimento

Cromwell
Stuart
Cisma na Maçonaria
Constituição de Anderson
Elias Ashmole
Albert Pike
Congresso de Lausanne
Luzes
Joias
Música
Cargos em Loja
A Lenda do Terceiro Grau
Egrégora
Mito
Alquimia
Esoterismo
Pitágoras
O Templo
Rito, Potência e Ritual
Ritualística
Filantropia

MINIBIBLIOTECA

(FERREIRA, Antônio do Carmo – Educação e Maçonaria – Editora "A TROLHA"- 2011)

*Um país se faz com homens e livros (***Monteiro Lobato***).*

Nada é mais triste do que um livro fechado, lembra a morte, mas nada alegra tanto como a vida que emana de um livro aberto (o conceito é meu).

Não são todos os Maçons que gostam de ler, alguns alegam serem muito ocupados, os livros são caros, ocuparão muito espaço em suas casas, o Computador lhes dá as informações necessárias. Observa-se também que, por mais culto que seja o Maçom, por melhor que seja sua memória, ainda assim ele não pode prescindir da leitura e uma razoável biblioteca particular é importante, entretanto, poucos teriam acesso a ela, portanto, é primordial que a Loja monte a sua, para o livre acesso dos Obreiros.

São fatos reais a serem considerados, contudo poderia

ser criada em Loja uma **Minibiblioteca**, com livros e revistas Maçônicas comprados pela mesma ou doados pelos Irmãos, mas não aleatoriamente, e sim após uma seleção de títulos, analisados por Obreiros que tenham mais conhecimento, que possuam o hábito da leitura.

Mas não basta expor livros que ficarão empoeirados e esquecidos, pois muitas Lojas os têm e que eventualmente são consultados, é um desperdício.

PAPEL DO BIBLIOTECÁRIO

Por indicação do V∴ M∴ e aceito pelos Obreiros, escolhe-se um Irmão que tenha afinidade com a leitura, competindo a ele catalogar esse acervo, procurando relacionar o maior número possível de informações, como relativos aos Graus, temas a serem utilizados em pesquisa para peças de arquitetura e assuntos variados, como Esoterismo, Cabalística, Ciência, História, Filosofia, Ritualística, Religião, Ritos, Rituais, Potências e tantos outros assuntos que possam interessar à Loja como um todo, a cada Grau em particular ou a algum Irmão em especial.

O Bibliotecário terá uma ficha cadastral com nome, endereço, e-mail, telefone, Grau de cada Irmão. Deve ter um contato prévio, individualmente com cada um, procurando conhecer sua necessidade, interesse por algum assunto, o que gostaria de ler ou saber, sendo que essas informações serão, se possível, sigilosas, evitando o constrangimento de comparar gostos e conhecimento entre os componentes da Loja. Esses dados serão levados ao conhecimento do V∴ M∴ .

BIBLIOTECA ITINERANTE

Por sugestão do Venerável, do Padrinho, Vigilante da Coluna, algum Mestre da Loja, de forma discreta, sem imposição, sugere ao Irmão que leve algum livro para casa, recomendando algum tema ou capítulo que o mesmo contenha, com conhecimento do Bibliotecário e, após algum tempo, previamente determinado, ele será devolvido, solicitando que o Irmão traga suas impressões sobre a obra, de forma sucinta e com a concordância do V.·. M.·. , realizando-se então breve debate sobre ela. Sem dúvida isso suscita o gosto pela pesquisa e a leitura e um desafio pessoal.

CIÊNCIA

Alguns Veneráveis, por não conhecerem certos temas, e ninguém é obrigado a ser letrado e detentor de títulos pomposos, pensam que falar sobre o Universo, Astronomia, Física, Metafísica, Evolução será perda de tempo por serem temas áridos, de difícil compreensão, entretanto, se o Mestre que apresenta esse tema conhece-o e didaticamente tem atributos para explicá-lo de forma simplificada e acessível, indiscutivelmente dará aos Obreiros a sensação de que aprendeu muito, o que é verdade, e sentir-se-ão mais cultos, o que também é verdade.

DISCUTIR O RITUAL

Em contrapartida, ler-se simplesmente o Ritual, de forma monótona, sem explicações ou profundidade sobre ele, em se tratando de adultos, com razoável grau de escolarização, não tem muito sentido, pois podem fazer em casa, sem dificuldade, porém, na falta de uma Instrução para determinada noite, será válido desde que, após a leitura, seja colocada a Sessão em Família ou Descanso e se ponha a palavra à disposição para que seja discutida parte ou o todo que foi apresentado, assim, o que parecia ser perda de tempo agora dá asas à imaginação, com o consequente crescimento do interesse geral e do aprendizado.

JURAMENTO E COMPROMISSO COM O SIGILO

À exceção dos verdadeiramente mal-intencionados, que buscam na Maçonaria obter vantagens pessoais e que felizmente é minoria, a quase totalidade espera encontrar uma ordem séria, discreta, com seus segredos, mistérios, composta por homens íntegros, por isso fez seu Juramento e confiou nele. Para sua decepção, depara-se com piadistas, alguns Maçons desleixados, desonestos e aproveitadores, que não estudam, não leem e que nada demonstram como exemplo a ser seguido, e o que mais entristece aos realmente interessados é que os bem-intencionados nada fazem para mudar esse "status quo", com a justificativa de que "todos são Irmãos, Justos e Perfeitos", com os mesmos direitos.

Ao fazerem o Juramento, os Aprendizes ouvem, declaram e concordam em guardar segredo sobre o que acabaram de presenciar e vivenciar, mas, no primeiro restaurante em que se encontram, entre um copo e outro, veem Mestres, abertamente, sem qualquer cuidado, falarem sobre a Loja, a Ordem, diante de estranhos que, "desconfiadamente", sentados na mesa ao lado, observam aquele descuido dos homens vestidos de preto. Certamente os Profanos não entendem, mas notam que não há seriedade. O que pensam o Aprendiz e o Companheiro?

O PAPEL DO PADRINHO

O Iniciado, por mais culto que seja, ao entrar em Loja, terá muitas dúvidas, pois tudo é novo, não estando preparado para receber a gama de informações que lhe serão passadas, bem como as que não lhe passarem e que buscará por sua própria conta e interesse. Nesse momento é de fundamental importância o Padrinho orientando, explicando, desmistificando a Ordem, introduzindo aos poucos os segredos do Grau, mantendo acesa e bem viva a chama da vontade de ser Maçom.

Um Aprendiz que não recebe Instruções, que não é acompanhado por seu Padrinho, devendo andar com suas próprias pernas, mas que não tenha o seu caminho aplainado, estará só, cheio de incertezas. Por outro lado poderá decepcionar-se, pois esperava encontrar mistérios, misticismo, grandes obras e pode ser que essa Loja seja excessivamente monótona e aquele algo mais que busca talvez não o encontre, e é quando entra o papel do Padrinho, estimulando, quem sabe levando-o a visitar outras Lojas, outros Ritos, propiciando a que seu Afilhado cresça em conhecimento e interesse, aprendendo com a observação e comparação.

Ambos devem manter contato fora da Loja, visitando-se, tendo contato telefônico ou pela Internet, propiciando, através da aproximação, a ideia de que se é Maçom sempre e não só nos dias e locais das Sessões.

O Padrinho deve ser o Mestre de seu Afilhado (RODRIGUES, Raimundo – Na busca de novos caminhos da Doutrinação Maçônica – Editora "A TROLHA" – 2011).

MINUTO MAÇÔNICO

Em todas as Sessões o V∴ M∴, suficientemente preparado, deveria apresentar informações rápidas sobre temas variados, de interesse da Arte Real, no início da Ordem do Dia, com a duração de um minuto, em média, sem prejuízo das Instruções, e seria chamado de Minuto Maçônico. Causaria impacto aos Obreiros, não seriam informações longas e cansativas, mas que iriam atualizando-os aos poucos e constantemente, em um crescendo. Essas mesmas informações poderiam ser trazidas ou enviadas ao V∴ M∴, por outros Obreiros da Loja, enriquecendo as ideias e permitindo participação dos demais Irmãos.

GRUPO DE ESTUDOS

Nem toda Loja tem capacidade e Irmãos suficientemente preparados para montar uma Loja de Pesquisas, ao molde das que conhecemos, além da impossibilidade dos mesmos deslocarem-se até as existentes, entretanto, sem grande aparato, por orientação do V∴ M∴ , das Luzes, de Mestres, mormente daqueles que mais se identificam com os livros, poder-se-ia formar grupos, inicialmente em pequeno número para, em determinadas noites ou fins de semana, reunirem-se na casa de um dos Irmãos, a fim de trazerem temas, dúvidas, estudo do Ritual, da Ritualística, conduta em Loja e tantos outros assuntos. Eles não são discutidos em Loja, pela rigidez da Ritualística e pelo tempo restrito das Sessões. Pode variar os locais, com prévia concordância de todos, sendo mais democrático ou ser em local fixo, a dinâmica do grupo é que determinaria.

Com seu crescimento, outras Lojas poderiam ser integradas, incrementando a fraternidade, propiciando o intercâmbio cultural, melhorando as relações humanas, bem de acordo com o Telhamento: "*fazer novos progressos na Maçonaria*".

O VALOR DA PESQUISA

Quem visita outras Lojas percebe as diferenças de conduta, a variação no Ritual, gestos que vão sendo introduzidos, como se cada uma redigisse sua própria Ritualística e é verdade, mas, quando se pergunta o porquê, as respostas são mais ou menos as mesmas:

- Sempre se fez assim.
- Aquele antigo Irmão disse que deveria ser assim.
- Não sei por quê. Disseram para eu fazer assim.
- Entendemos assim ao ler o Ritual.

Entretanto ninguém cita uma fonte fidedigna, autor renomado, em que obra e em qual data foram os fatos descritos, ou seja: não foi buscado nenhum documento atestando qual a correta forma de agir, pois ninguém teve a coragem e sabedoria para buscar a verdade histórica e científica, ficando nos velhos e caducos "achismos".

Maçonaria não é uma ciência exata, estanque e estática, ela dá asas à imaginação e a muitas interpretações, ora humanísticas, ora esotéricas, mas não nos cabe o direito de fazermos e desenvolvermos a Ritualística como mais gostamos, queremos ou achamos mais bonito, para isso existem as comissões de Liturgia e Ritualística, as quais, após profundo estudo, chegam às suas conclusões sobre o que pode ou deve ser alterado.

Devemos buscar sempre as origens do Rito, pesquisar sobre seu passado, sua evolução e o porquê de certas modificações e, se assim o fizermos, nós entenderemos suas razões, acatando com conhecimento e consciência, teremos a capacidade de, usando nosso direito, sugerir o que deva ser mantido ou alterado, buscar a padronização de conduta, procurando unificar essa parafernália de disparidade de ações das Lojas, como é tão comum. *Quem sabe reivindica, quem não sabe cala e obedece* (o conceito é meu).

Através do estudo constrói-se um modelo pedagógico, denominado METANOIA (DE SÁ, José Anselmo Cícero – Fonte de Luz Maçônica – Editora "A TROLHA" – 2007)

MAÇOM NA SOCIEDADE

Deve discutir-se abertamente em Loja o seu verdadeiro papel na sociedade, pois o Maçom não pode entender ou almejar que sua função seja excessivamente secreta, escondido em Loja e alheio ao mundo, ele deve pensar e desejar integrar-se ao mundo, participar em sua organização, ter papel ativo na política, economia e educação do meio que o cerca. Não pode ficar omisso à corrupção e desmandos que grassam, corrompem, gerando tantos malefícios. Deve estar sempre com seu coração aberto para servir, opinar, envolver-se.

É lógico que deve ser sempre discreto, jamais se valendo de seu papel de Maçom para impor algo ou tentar influenciar, através da Ordem, aos caminhos dos Profanos, deve ser, sim, um orientador, opinar, não ser o dono da verdade e nem da palavra, saber ouvir, aconselhar, ser mediador. Deve estar sempre em mente e em conformidade com o Juramento Maçônico.

O Maçom deve ser filantrópico, deve também ter o sentido da caridade, sem, entretanto, envolver a Loja, pois é o seu papel assim agir e não se valer de seus Irmãos para realizar o seu trabalho.

As festividades de seu bairro, de sua igreja, de seu município devem ter sempre o seu concurso, uma vez que não é e não deve ser alienado do mundo que o cerca, embora, como frisado anteriormente, nunca deve se valer de sua situação de Iniciado para obter vantagens ou influenciar aos outros, apresentando um poder que não deve exprimir. Deve ser, na medida do possível, o mais discreto possível.

As relações sociais também devem integrar sua família com as dos Irmãos, Sobrinhos com Sobrinhos, Cunhadas com Cunhadas, fazendo essa relação tornar-se mais íntima e fraterna, ultrapassando os limites físicos do Templo.

SER MAÇOM, ESTAR MAÇOM

O que parece em um primeiro momento simples artifício de semântica, na verdade é muito mais profundo. Quando o cidadão entra para uma entidade ou sociedade, se está na mesma, na medida em que se aprofunda, participando mais intimamente de sua constituição, seu projeto, seus meandros, passa a ser parte dessa entidade. Da mesma forma, se ele for suficientemente preparado, se vier a conhecer verdadeiramente a Maçonaria, seus mistérios, o verdadeiro papel na humanidade, conhecê-la, sua importância para a sociedade, sua Fraternidade, Igualdade entre Irmãos, passa a ser fraterno.

A partir desse momento abre seu coração à verdadeira Arte Real e em um crescendo flui para seu interior a essência da fraternidade e brota de seu interior o amor ao próximo, mas não só aos Iniciados e sim à humanidade, pois descobre que todos são Irmãos como ensinou Jesus Cristo, o Verdadeiro Mestre.

Nesse exato momento, como uma fagulha que se acende, ele estava Maçom e agora é Maçom (MC NALLY, Luis Javier Miranda – Detalhes de uma História – Editora "A TROLHA", 2007).

INICIAÇÃO, UM RENASCIMENTO

A Iniciação é, na maioria das vezes, tratada com infantilidade, com brincadeiras de mau gosto, esquecendo-se que ali estão homens adultos e que passaram por uma seleção, sendo considerados puros e limpos e que esperam encontrar uma Ordem séria, na qual possam crescer.

Deve ser mostrado o verdadeiro sentido, que é o do Renascimento para uma nova vida, de mistérios, simbolismo, caminho para a construção de seu Templo Interior e Social. Deve ser explicado o verdadeiro sentido do Renascimento, Ressurreição, morrendo para os vícios, ressurgindo nas virtudes e, se bem entendida a solenidade desse ato, será um apaixonado pela Maçonaria, caminhante incansável e incansável na procura da Verdade.

> *A Doutrina Maçônica ensina-nos que o homem, em seu ininterrupto processo evolucional, é o elemento-chave*

> *para se entender a obra do Grande Arquiteto do Universo, criado para atingir a sua aspiração maior na vida que vem a ser a perfeição.* (DE SOUZA FILHO, Ubyrajara – Cognição e Evolução dos Rituais Maçônicos – "A TROLHA" – 2010).

Entretanto, esse processo não se encerra com o Aprendiz, não é estanque nem estático, seguindo pala Elevação, Exaltação, só se encerrando verdadeiramente quando o Maçom partir para o Oriente Eterno, por essa razão, se isso tudo for bem explicado, possibilitando sua perfeita compreensão, esses Obreiros jamais abandonarão sua Loja, sendo seus divulgadores, crescendo com ela.

A MULHER NA MAÇONARIA

Escandaliza a qualquer Maçom imaginar a Mulher em Loja e, se houvesse um plebiscito, indiscutivelmente a maioria quase absoluta votaria contra sua entrada na Ordem, entretanto, o Maçom sai de casa e vai à Loja, sua esposa sabe aonde ele irá, com quem vai reunir-se, em seu retorno ele informará parte do que ocorreu. Na grande maioria das vezes ela deixou sua roupa pronta para a Sessão.

Na Iniciação não lhes damos Luvas Brancas? Não as chamamos de Cunhadas?

Seria muito importante que as Cunhadas mantivessem contato umas com as outras durante a semana, sendo o seu papel primordial para o maior e melhor congraçamento entre os Maçons.

Ela não tem papel em Loja, não participa das Palavras

Sagradas e de Passe, não assiste às Iniciações, Elevações ou Exaltações, entretanto é seu esteio, seu apoio na retaguarda, estimulando-o ou, no mínimo, aceitando suas saídas, respeitando o papel do esposo. Nas Sessões Magnas Públicas ela está presente, muitas vezes sendo homenageada, como no Dia das Mães, por exemplo, portanto, vemos que ela desempenha valoroso papel, paralelo, mas não submisso, e sim de respeito, por essa razão e "*como sempre atrás de um grande homem está uma grande mulher*", não é nenhum absurdo afirmar que sem ela não existe Maçonaria. (DE SOUZA FILHO, Ubyrajara – Cognição e Evolução dos Rituais Maçônicos – "A TROLHA" – 2010).

A MÚSICA E A HARMONIA

Em muitas Lojas o Mestre de Harmonia é o mais novo, por vezes um Companheiro ocupando esse Cargo, o menos experiente, aquele que ainda desconhece e não tem muito comprometimento com a Ritualística. Ledo engano.

A harmonia, através da música, é tão importante como a Ordem do Dia, talvez a parte mais importante da Sessão, tão importante como o Tronco de Solidariedade, pois se sabe que a música enleva a alma, acalma sentimentos conturbados, leva a sonhar acordado.

Deveria ocupar esse Cargo somente um Maçom com grande cultura humanística e musical, que transitasse com desenvoltura pela filosofia, que tivesse ouvido apurado e que conhecesse relações humanas, uma vez que seu gosto e conhecimento musical permitiriam escolher a música apropriada ao momento mais tenso ou delicado por que estivesse passando a Loja ou algum Irmão e, através dela, os ânimos seriam acalmados.

Música vibrante poderia estimular os ânimos quando houvesse certa tristeza ou desinteresse de algum ou demais Obreiros. Repertório rico e variado cativa, atrai, convida a escutar-se a maviosidade das notas musicais, elevando o espírito, produzindo no Maçom uma introspecção, a viagem para dentro de si mesmo.

Como o Maestro com sua batuta, ele dirigiria a Loja, discretamente, quase despercebido, submisso ao V∴ M∴, mas sendo o seu braço direito associando-se a ele, sendo origem vibratória energética.

Poucos se dão conta de que o Mestre de Harmonia é o primeiro a entrar no Templo e o último a sair e isso ocorre pelo conhecimento de todos e a importância que exerce sobre a condução dos trabalhos.

Obreiros de qualquer Grau subliminarmente esperarão pela Sessão seguinte, pois sabem que lhes será permitido sonhar.

CONSIDERAÇÕES FINAIS

Ao praticar-se a verdadeira Maçonaria, é fundamental que ela seja conhecida, desde suas origens, e o mais próximo possível estudarem suas modificações ocorridas desde os primórdios da Maçonaria puramente operativa, quando se transformou em especulativa. A transmissão desse conhecimento deve chegar aos Obreiros na forma de instruções de *Mestres de reconhecida sapiência Maçônica* (RITUAL DO

MESTRE MAÇOM. R∴ E∴ A∴ A∴ /G∴ O∴ R∴ G∴ S∴, 2010).

Se for suficientemente entendido o que são os Ritos, Potências, as variações dos Rituais, a Liturgia, os segredos de cada Grau e se for estimulada a leitura, sugerindo-se bons autores, se for estimulada a discussão sobre o funcionamento da Loja, seus Cargos, papel de cada um, em qualquer Loja, sendo gradativamente introduzido o estudo sobre história, filosofia, astronomia, ciência, esoterismo, conduta Maçônica, incluindo o maior número possível de dados que cercam o Maçom, como verdadeiro construtor do edifício social, estar-se-á preparando Aprendizes como futuros Companheiros e estes como futuros Mestres, cônscios de seu papel, sentindo-se à vontade em Loja, como parte importante, buscando sem qualquer dúvida *como fazer novos progressos na Maçonaria.*

Se os Veneráveis, as Luzes e Mestres forem homens suficientemente preparados, encarando a Ordem como entidade sublime e séria, serão o esteio em quem os demais Obreiros, com admiração, respeito e confiança irão espelhar-se, pois aprendem com eles que o estudo é primordial, peça-chave para o crescimento interior. Se a Administração da Loja empregar métodos didáticos, previamente estabelecidos e divulgados, como um currículo, os Obreiros terão a confiança e sua autoestima elevada porque sabem quanto, quando e de que forma o *Logus* e o *Sofos* passarão a fazer parte de seu *status quo,* direcionando seu *modus vivendi.*

Que uma Loja seja alegre e comemore datas especiais é importante, mas que não seja o único desiderato festejar e não estudar.

BIBLIOGRAFIA

ANATALINO, João. *Conhecendo a Arte Real*. São Paulo: Madras, 2006.

ASLAN, Nicola. *Landmarques e outros Problemas Maçônicos*. Londrina: "A TROLHA", 2010.

AUBRECHT, Karl. *Programando o Futuro: o Trem da Linha Norte*. São Paulo: Nakron, 2002.

CASTELLANI, José. *Curso Básico de Liturgia e Ritualística*. Londrina "A TROLHA", 2007.

COLETÂNEA 8. Londrina: "A TROLHA", 2009.

CORTEZ, Joaquim Roberto Pinto. *A Maçonaria Escocesa*. Londrina: "A TROLHA", 2009.

______. *Maçonaria, Conceitos Litúrgicos, Ritualísticos e Históricos*. Londrina: "A TROLHA", 2010.

COSTA, Wagner Veneziani. *Maçonaria, Escola de Mistérios*. São Paulo: Madras, 2006.

DA CAMINO, Rizzardo. *Vade-Mécum do Simbolismo Maçônico*. São Paulo: Madras, 2007.

DE OLIVEIRA FILHO, Denizart Silveira. *Palestras Maçônicas para Estudos*. Londrina: "A TROLHA", 2010.

DE SÁ, José Anselmo Cícero. *Fonte de Luz Maçônica*. Londrina: "A TROLHA", 2007.

ENCONTROS, Cadernos de Pesquisa 22. Londrina: "A TROLHA", 2008

ENCONTROS, Cadernos de Pesquisa 23. Londrina: "A TROLHA", 2010.

FERREIRA, Antônio do Carmo. *Nas Canteiras da Arte Real*. Londrina: "A Trolha", 2008.

______. *A Função do Maçom na Sociedade*. Londrina: "A TROLHA", 2009.

______. *Educação e Maçonaria*. Londrina: "A TROLHA", 2011.

FILHO, Ubyrajara de Souza. *Cognição e Evolução dos Rituais Maçônicos*. Londrina: "A TROLHA", 2010.

FISCHMANN, Adalberto. *Planejamento Estratégico na Prática*. São Paulo: Atlas, 2002.

GUIMARÃES, João Francisco. *Maçonaria, a Filosofia do Conhecimento*. São Paulo: Madras, 2006.

INBRAPEM. Volume 4. Londrina: "A TROLHA", 2007.

JÚNIOR, Walter Pacheco. *Guia da Administração Maçônica*. Londrina: "A TROLHA", 2008.

LOUREIRO, Milgar Camargos. *Quantificação das Evasões Maçônicas de Lojas* – Cadernos de Pesquisas 16. Londrina "A TROLHA", 1999.

MAÇONARIA, a Descoberta de um Mundo Misterioso. São Paulo: Globo, 2004.

MC NALLY, Luis Javier Miranda. *Detalhes de uma História*. Londrina: "A TROLHA", 2007.

______. *A Ética no Caos*. Londrina: "A TROLHA", 2009.

OLIVEIRA, Djalma P. Rebouças. *Planejamento Estratégico*. XXIII ed. São Paulo: Atlas, 2007.

OLIVEIRA, Cipriano. *Passado, Presente e Futuro*. Londrina: "A TROLHA", 2011.

PINTO, M. J. Outeiro. *Entre a Compósita e a Toscana*. Londrina: "A TROLHA", 2008.

RITUAIS, Aprendiz, Companheiro e Mestre – R∴ E∴ A∴ A∴, G∴ O∴ R∴ G∴ S∴, 2010.

RODRIGUES, Raimundo. *Cartilha de Mestre*. Londrina: "A TROLHA", 2008.

______. *Na Busca de Novos Caminhos da Doutrinação Maçônica*. Londrina: "A TROLHA", 2008.

SANSÃO, Valdemar. *O Despertar para a Vida Maçônica*. Londrina: "A TROLHA", 2005.

SOBRINHO, José Wilson Ferreira. *Legislação Maçônica*. Londrina: "A TROLHA", 2002.

VIII e IX Encontros de Membros Correspondentes – Loja Maçônica "Fraternidade Brazileira" de Estudos e Pesquisas, 2003.

Novas Formas de Motivação Instrucional no Comprometimento do Maçom com a Maçonaria

Irm∴ Derly Halfeld Alves
Or∴ Juiz de Fora – MG

Sem pretender ser jocoso com o título, isto porque tomei parte na sua votação, mas me faz lembrar o cidadão que tinha por hábito valorizar em excesso o nosso vernáculo. Chegando a uma farmácia, pediu ao farmacêutico: – quero um envelope de "ácido acetilsalicico", ao que indagou o farmacêutico: – o que o senhor deseja não é AAS? Respondeu o cliente: – é que às vezes esqueço a sigla!

Vamos ao assunto por demais sério no âmbito da Maçonaria brasileira. Tive o prazer de ver publicado um artigo de minha lavra na Revista "A TROLHA" de nº 283 – maio de 2010, sob o título "A Escassez de Mestre", título que faz parte de um ótimo trabalho de autoria do Mestre aqui presente, Luiz Gonzaga da Rocha, em que era abordada a carência de instrutores Maçônicos.

Nesse mesmo exemplar citado, é publicado também um

trabalho do Irm∴ Fernandes Dutra, de Curitiba, sob o título "A necessidade de estudo e pesquisa constantes", em que ele aborda com muita propriedade o que se pretende construir com o tema deste Encontro.

Quando se propõe o estudo de novas formas para motivar a Instrução do Maçom, principalmente ao Aprendiz, torna-se necessária, como condição *"sine qua non"*, ou seja, incondicional, **a formação do instrutor**, o que não parece ser demasiado tarde para repensar no modelo educacional Maçônico atual.

Os meios didáticos maçônicos hoje são trilhados por caminhos, permitam a sinceridade, obscuros, e por vezes até impotentes, por culpa de Veneráveis inabilitados para o Cargo, que não fiscalizam e muito menos exigem dos indicados ou designados para a Comissão de Instrução ministrar com assiduidade, principalmente a parte histórica da Ordem Maçônica.

Eu dizia no meu artigo publicado:

> *"ser Mestre Maçom é ser dotado de uma das mais nobres funções a que se podem aplicar àqueles que atingiram este estágio, e sua função não é simples, porque além de ser uma arte, exigindo um desempenho pessoal e criador, é também uma ciência, onde a didática torna-se elemento insubstituível – Ao conceito de Mestre, com efeito, se associa a ideia de um saber insigne, como também a ideia de alguém que não só transmite conhecimentos, mas é um formador de inteligências".*

Como dizia o ex-padre, hoje casado e escritor professor, Luiz Bianchessi, de Vassouras – RJ: "É indispensável repensar na Educação, constatamos que a Educação vigente em geral não prepara o educando para a vida e para a autorrealização como ser humano"...

Concordamos, como diz o velho aforismo, "em gênero, número e grau", com o professor Bianchessi, no seu conceito sobre a mudança da Educação em benefício da nossa sociedade.

Repassando para nossa Ordem, é urgente uma transformação no andamento de uma Sessão Maçônica; não é admissível que só para leitura da Ata e de expediente leva-se, invariavelmente, mais da metade do tempo previsto, que via de regra tem duração de duas horas.

Ata é um resumo, ou uma síntese do que ocorreu na Sessão antecedente e não uma longa história, visando, ao término da leitura, ser o Secretário elogiado por ter firmado em ata tudo o que se passou anteriormente.

De forma idêntica constata-se no expediente e na ordem do dia – leem-se Pranchas, como diz o ditado, "de cabo a rabo", cujo assunto já ultrapassou a data do ato comunicado; faz-se a leitura na íntegra dos comprovantes de visitas, cujo volume por vezes soma de vinte e até trinta certificados.

Um Secretário habilidoso ou inteligente faz, em uma folha à parte, o resumo do expediente recebido e dá conhecimento na hora propícia, evitando levar papelada para o seu altar ou pedestal.

Outro "Usos e Costumes" que pode ser banido do nosso meio é a expedição do comprovante de que o Irmão visitou outra Loja. O Maçom deve ter, principalmente, em sua própria Loja, o que o Profano chama de "fé pública", ou seja, na hora da palavra, levanta-se e simplesmente comunica a todos que em tal dia assistiu à Sessão de outra Loja, representando sua Loja, evitando-se burocracia e despesas com impressão de formulários que na vida Maçônica de cada um de nós nada representa, mesmo porque um Irmão não visita o outro, vai à sua casa.

Culpa de quem? Do primeiro mandatário da Loja, a se considerar que a escolha de toda a administração é feita por ele.

Outro grande culpado – o proponente, na sua grande maioria, uma vez Iniciado o seu Candidato, com o passar do tempo não se recorda de que foi seu Padrinho; é incapaz de orientá-lo, de instruí-lo, enfim, de guiar seus passos para um aperfeiçoamento compatível. Mas sabem, meus Irmãos, por que tal fato acontece? Porque o Padrinho nem sempre está apto a ensiná-lo.

Certa vez me perguntaram por que os Maçons só cantam o primeiro verso e o estribilho do Hino à Bandeira. Minha resposta foi imediata: – porque não sabem cantá-lo integralmente...

Você, meu prezado Irmão, Mestre Maçom, não importa sua graduação hierárquica ou Cargo Maçônico, você é antes de tudo um Mestre Maçom, e como tal já procurou ou teve a curiosidade de saber o que significa ser dotado com este título? Eis o que significa ser um Mestre:

Vou aqui definir, segundo a Larousse Cultural – pág. 3.949, o que significa ser um Mestre:

> *MESTRE – s.m. (Do lat. Magister.) – Homem dotado de grande saber. – Aquele que ensina, professor. – Aquele que é perito e versado numa arte ou ciência. – O que tem o Terceiro Grau na Maçonaria. – Modelo, exemplo. – Título daquele que conclui o curso de mestrado.*

É urgente e necessário que os altos dirigentes da nossa Ordem tomem enérgicas e urgentes providências para que a Maçonaria não se transforme em Clubes prestadores de Serviço, aliás, se isto acontecer, garanto que será um péssimo concorrente com os demais hoje existentes.

Novas Formas de Motivação Instrucional Maçônica no Comprometimento do Maçom com a Maçonaria. A Maçonaria é uma OPÇÃO

Irm.·. Vidigal de Andrade Vieira
Or.·. Carangola – MG

Observação: O presente Trabalho sobre a Motivação Maçônica contém a colaboração – através de textos e de diálogos – de alguns Irmãos dedicados, e também preocupados, com os estudos da Maçonaria e de alternativas para o seu desenvolvimento. Registro os devidos créditos, e os meus sinceros e fraternos agradecimentos aos Irmãos Alessandro Gomes Tolentino, Alim Rocha de Abreu, Aloysio Mauro Ferraz Junqueira, José Paulo, Leonel Ricardo de Andrade, Paulo Magalhães, Ricardo Silva, Reverendo Pedro Alves de Aguiar Júnior e Rosselini Contão Brauer. (Adaptações de Vidigal de Andrade Vieira – M.·. I.·.)

Faz parte da natureza humana ousar, arriscar, ir sempre para frente e para o alto, com base no tripé simbólico da Sabedoria, da Força e da Beleza (como preconizado pelas Luzes no Rito Brasileiro). Assim sendo, é necessário construirmos todas as nossas estradas no hoje, porque o terreno do amanhã é incerto demais para os planos perfeitos. Dar sentido e direção aos objetivos da vida são procedimentos primordiais para alcançá-los, uma vez que quando não se sabe para onde se está indo, qualquer caminho e qualquer lugar servem, pois já se está perdido mesmo. O ser humano não nasce, necessariamente, com medos. Esses são transmitidos e condicionados ao longo da vida dos indivíduos. Cada um construirá sua trajetória, sua história de vida de acordo com a determinação e vontade empregadas na superação desses limites. Quando ocorre essa superação, os indivíduos buscam um novo modelo de pensamento, uma nova forma de estar no mundo. Quando os indivíduos não conseguem romper com esses padrões para dar um salto de qualidade em suas vidas, ocorre o processo da *anomia*, que é o resultado da ruptura entre objetivos individuais culturalmente estabelecidos e os meios socialmente instituídos para alcançá-los.

Alguns exemplos simples que podem esclarecer essa proposição são os seguintes: O primeiro é quando uma pessoa que passou um longo tempo carregando pesados cantis de água durante uma travessia no deserto, mas que agora não mais faz sentido essa carga extra, pois está caminhado ao lado de nascentes e córregos cristalinos. O segundo se dá com uma pessoa que habitava uma região polar e necessitava de casaco de pele para se proteger do frio. Ao mudar-se para uma região tropical, sua indumentária precisará sofrer uma adequação. O terceiro é quando uma pessoa sofre uma fratura óssea e necessita usar uma proteção de gesso. Esse gesso será necessário durante algum tempo, mas, se não for retirado no devido momento, causará sérias consequências ao seu usuário.

Assim também ocorre com a vida: os nossos bens simbólicos poderão ser muito úteis em determinados momentos ou situações, mas também poderão se transformar em estorvos e impedimentos em outros. Aos mais jovens, podemos enfatizar: "Nunca largue mão dos seus sonhos, pois se eles morrem, a vida se torna como um pássaro de asas feridas, que não pode voar" (*LANGSTON HUGHES*). E, aos mais idosos, meditar:

> *Qualquer caminho é apenas um caminho, e não constitui insulto algum, para si mesmo ou para os outros, abandoná-lo quando assim ordena o seu coração. Olhe cada caminho com cuidado e atenção. Busque-o tantas vezes quantas julgar necessárias. Então, faça a si mesmo, e apenas a si mesmo, uma pergunta: possui esse caminho um coração? Em caso afirmativo, o caminho é bom. Caso contrário, esse caminho não possui importância alguma.* (CARLOS CASTAÑEDA).

Um experiente e sábio alfaiate que habitava um remoto reino um dia recebeu a visita do emissário do rei com a missão de encomendar as vestes reais para uma importante cerimônia oficial. O alfaiate indagou do representante real se aquele rei estava no início, no meio ou ao término do seu reinado, ao que o emissário expressou enorme surpresa, pois jamais imaginara ser abordado com estes questionamentos e como essa informação seria relevante e teria influência na confecção da roupa que estava sendo encomendada. Então, o alfaiate lhe proporcionou uma inesquecível pérola de sabedoria e humildade ao lhe responder o seguinte:

> *"Quando se está no início de um reinado, as vestes devem ser mais longas, pois o governante anda com o corpo projetado para o alto, símbolo de sua vitória e arrogância, olhando sempre para o alto e por cima; quando se está no meio do reinado, as vestes devem ter as medidas exatas da altura do governante, pois ele estará equilibradamente ereto e olhando para a frente; ao final do reinado, as vestes devem ser mais curtas, pois o governante estará curvado sob o peso dos dissabores, das decepções e dos sacrifícios, e seu olhar estará voltado para o chão. Desta forma, em qualquer momento de seu reinado, as vestes do governante não se arrastarão pelo chão".*

Enquanto muito nos preocupamos, e perdemos tempo, com o trabalho, com ganhar cada vez mais dinheiro, com possuir e acumular cada vez mais bens materiais, com as futilidades consumistas e com as aparências efêmeras, o tempo passa, e deixamos de lado escolhas e trajetórias importantes para as nossas vidas, principalmente nos planos afetivo e no de autênticos relacionamentos humanos. Difícil é definir, e avaliar, o que é significativo para cada pessoa, pois somente o tempo é capaz de esclarecer se as escolhas assumidas no passado foram as melhores, ou não.

A sabedoria das escolhas consiste em compreender – independente de aceitação ou não – que é possível aprender com as opções assumidas e ter a certeza de que sempre é viável resgatar afetos. Somente não é possível voltar atrás como se era antes, para fazer escolhas diferentes, pois as pessoas se transformam com as experiências vividas, sejam elas felizes ou não. O tempo é indispensável para permitir que as pessoas aprendam, amadureçam e sigam os seus caminhos e, dependente do ritmo individual, cada pessoa tornar-se-á pronta mais cedo ou mais tarde para enfrentar os desafios propostos pela vida. Quando fazemos escolhas estamos resolvendo conflitos e solucionando indefinições que não estão completamente claras naquele determinado momento.

Para ganharmos alguma coisa – o afeto, por exemplo – é necessário abrir mão de muitas outras. Ao se resolver um conflito que não tem solução naquele tempo, a pessoa precisa acreditar na esperança de ser merecedora de algo melhor e, segundo Alberto Goldin: "Somente o tempo e o destino dirão se foi a melhor escolha – [alternativa/trajetória]". Portanto, se uma pessoa almeja ser feliz, irá decisivamente depender de suas escolhas ao longo da vida, estará em suas mãos, exclusivamente dependente dela própria. Pois há tempo para plantar e para colher, tempo para sorrir e para chorar, tempo para ofender e para desculpar, tempo para pedir e para receber, tempo para a descrença e para ter fé, tempo para amadurecer, tempo para ter certeza daquilo que se deseja, e tempo para viver e para morrer. Para tudo na vida, e também na morte, existe um tempo certo. Existe um tempo para tudo e para todos. E, muitas vezes, o tempo se materializa através de duas, ou mais, paralelas que somente poderão encontrar-se no infinito, ou em outras dimensões.

Segundo Clarice Lispector:

> *É inútil procurar encontrar o caminho, pois existe a trajetória [e o tempo], e a trajetória não é apenas um modelo de ir. A trajetória somos nós mesmos. Em matéria de viver, nunca se pode chegar antes [do tempo].*

Quem sabe o mais correto seja como disse, sobre a morte, Morrie Schwartz: "Não ir tão cedo, mas não se agarrar por tempo demais". Também, por este motivo, devemos bem refletir sobre tudo aquilo que pedimos, pois corremos um sério risco de sermos atendidos. Portanto, o tempo, a trajetória e o destino estarão dependentes de todas as decisões e escolhas assumidas, como nos conta Paulo Coelho:

> *O jovem estava no final de seu treinamento, em breve passaria a ensinar. Como todo bom aluno, precisava desafiar seu professor e desenvolver sua própria maneira de pensar. Então, capturou um pássaro, colocou-o em uma das mãos e foi até ele: "Mestre, este pássaro está vivo ou morto?". Seu plano era que se o Mestre dissesse "morto", ele abriria a mão e o pássaro voaria; se a resposta fosse "vivo", ele esmagaria a pequena ave entre os dedos; assim, o Mestre sempre estaria errado. Insistiu ele: "Mestre, o pássaro está vivo ou morto?". "Meu caro aluno, isso vai depender de você", foi o conclusivo comentário do Mestre. Então, ambos ficaram no mais profundo silêncio.*

Existem quatro coisas na vida que não se recuperam, depois de perdidas: a pedra, depois de atirada; a palavra, depois de proferida; a ocasião, depois de perdida; e o tempo, depois de passado. A pedra é a fera adormecida em cada pessoa. É o ímpeto agressivo, a dor que não se aplaca, a ferida ainda aberta, o orgulho machucado, o ressentimento aforado, o ódio incontido, a raiva acumulada, a emoção esgarçada. A pedra depois de atirada representa nossos erros, os quais não aceitamos e procuramos transferir para as outras pessoas. Por isso, Cristo, em sua enorme sabedoria, desafiou aqueles que acusavam a mulher adúltera a atirar a primeira pedra. Todos baixaram as mãos e o rosto, um por um se afastando, envergonhados. Seus pecados não eram menores que os daquela mulher.

A segunda coisa que não recuperamos é a palavra, depois de proferida. A palavra é a essência do ser humano diante do silêncio do universo. As estrelas, o mar, as flores e os pássaros proferem o mesmo dizer, sem jamais ofender. Nós, seres humanos, fazemos da palavra uma arte ou uma agressão, um ato de ternura ou uma injúria. Foi a palavra que criou o mundo e se fez carne. É a palavra insana que destrói a criação e promove guerras, dissemina discórdia, semeia a morte. "Cuida da tua palavra e lava a tua língua antes de pronunciar o teu dizer", já dizia o poeta. Mas é também a palavra que pode dizer doçuras, confortar corações e amenizar situações. Cuide para que não te arrependas da palavra depois de proferida, pois é através das palavras que se demonstra o verdadeiro princípio ético, o caráter, o refinamento espiritual e a coerência de vida.

Também não se recupera a ocasião, depois de perdida. A ocasião é como o cavalo arriado que passa à nossa frente: monta-se ou perde-se. Entretanto, é também a ocasião que faz a salvação ou o ladrão. Algumas pessoas abraçam a ocasião equivocada e morrem de vergonha quando o fato se torna público. Para se perceber e assumir a ocasião certa é necessário atenção, critério, discernimento, coragem. Sem ousadia não se abraça uma oportunidade, uma causa, um ideal. Deixam escapar uma boa ocasião os inseguros, os que dão mais ouvidos à boca alheia que à voz do coração.

Por fim, não se recupera o tempo passado. Não o tempo eternidade, mas o tempo amor, o tempo doação. Ao irromper no tempo histórico como presença viva de Deus-Amor, Cristo convocou a nada mais esperar. Esgotou-se o tempo (Marcos 1:15), como quem proclama: "Já não há o que aguardar, resta amar!". No entanto, a modernidade nos faz escravos do tempo, ao contrário dos antigos e dos índios, donos de seu tempo. Prova disto é que trazemos nos pulsos a algema do tempo, o relógio, dividido em horas, minutos e segundos. Assim, já não nos damos tempo e nem temos tempo para meditar, para conversar, para amar e para se divertir. É como se fôssemos náufragos perdidos em alto-mar, lutando para sobreviver às avassaladoras ondas do tempo que ameaçam nos afogar. Aí, vivendo desta forma desorganizada e atropelada, corremos o risco de atirar pedras em direções erradas, de proferir palavras irrecuperáveis, de perder ocasiões importantes e de não perceber que o nosso tempo passou.

Muitas pessoas buscam a Maçonaria, assim como também buscam outras Instituições, como uma alternativa para as suas angústias existenciais, como um porto seguro e uma tábua de salvação para a sensação de desamparo e de vazio pessoal a religião, o futebol, a escola. No entanto, muito antes de as pessoas resolverem os seus problemas da evolução individual, propostos pela Maçonaria, essas pessoas necessitam solucionar o fato de se sentirem sozinhos, desamparados, perdidos e confusos diante de tanta pressão. Essa hiperpressão constitui e faz parte da modernidade de nosso tempo. Como a Maçonaria e a Escola podem dar conta de tais atribuições?

A crise das Instituições se instala e se revela no homem encarnado, no seu pensamento, no seu corpo, nos seus comportamentos. Toda mudança – pessoal, institucional, social – é uma quebra de paradigmas, de perspectiva, de entendimento, e de percepção de mundo. A modificação tende a permanecer – pelo menos temporariamente até ocorrer uma nova e necessária crise e transformação – quando ela ocorre primeiramente no interior da pessoa, através de um entendimento pleno e profundo de suas implicações e consequências em sua vida. Ou seja, a efetividade da transformação de concretizar quando ela ocorre do interior do indivíduo para a sua prática cotidiana. Portanto, "Questione! Descubra! Mude! O Conhecimento transforma e é irresistível." (CANAL FUTURA)

A Maçonaria é uma questão de opção pessoal. A opção e a escolha devem sempre ser pela Maçonaria. O Venerável Mestre, os Oficiais, as Dignidades e os Mestres Maçons de uma Loja Maçônica podem – e devem – instruir e orientar – e serem exemplos – todos os Maçons do Quadro da Oficina. No entanto, é fundamentalmente indispensável que exista uma chama inspiradora no coração e na mente de cada Irmão para que aquela maravilhosa semente plantada possa efetivamente germinar e gerar Verdadeiros e Legítimos Maçons. Maçons, estes, realmente interessados e comprometidos com a sua evolução pessoal, moral e espiritual, assim como com o desenvolvimento de seus Irmãos.

A Maçonaria é um Grande Laboratório Universal, um Verdadeiro Organismo Vivo que age e reage de acordo com os humores e com as vicissitudes que a Sociedade, o Contexto e o Tempo assim necessitam e determinam. A Maçonaria também serve para Encantar, Decantar, Perfundir e Purificar o Autêntico Ser Humano que existe no interior de Maçom. A Maçonaria proporciona àquele que tem o coração puro, limpo, livre e de bons costumes a real condição de alcançar o Princípio Primordial da Filosofia, o *Minimum* da Homeopatia, o Princípio Ativo da Alopatia. A Maçonaria possibilita que o Homem possa burilar a suas imperfeições, a Pedra Bruta do

Profano, para permitir florescer a Pedra Polida e as Virtudes Morais e Éticas de um Verdadeiro Maçom.

A Maçonaria, cuja origem se perde na noite dos tempos, teve sempre por especial escopo agremiar todos os Homens Livres, de Bons Costumes e de Boa Vontade que, acreditando na necessidade de render autêntico e sincero culto à virtude e à verdade, procuram os meios de propagar o que a doce e sã moral nos ensina. Como esses homens desejam trabalhar nessa obra meritória com toda energia e tranquilidade, tenacidade e recolhimento, reúnem-se para isso nos Templos Maçônicos. Os verdadeiros Maçons constantemente trazem na sua memória não somente as formas gráficas dos Símbolos Maçônicos, como, e muito principalmente, as grandes verdades morais, exigindo de cada Iniciado o seu compromisso permanente, e a sua opção constante, com os preceitos Maçônicos.

Para que um Profano seja admitido à Iniciação na Ordem Maçônica, desde a antiguidade a Maçonaria exige, como uma condição *sine qua non,* que ele seja "Livre e de Bons Costumes". Isso porque, existindo o servo durante o período da Idade Média, todas as corporações exigiam que o Candidato a Aprendiz para qualquer ofício tivesse nascido "livre", visto que, como servo ou escravo, ele não era dono de si mesmo, nem de seus desejos, e nem de suas vontades ou de suas escolhas. Também exigia-se que fosse de bons costumes por ter orientado a sua vida para aquilo que é mais justo, mais elevado e mais perfeito. A satisfação dessas duas condições tornam o homem qualificado para ser Maçom e com reais possibilidades de desenvolver-se a fim de tornar-se um Ser Humano Justo e Perfeito em sua vida pessoal, familiar, profissional e social. Portanto, o Verdadeiro Maçom é livre dos preconceitos e dos erros, afastando-se dos vícios e das paixões baixas que embrutecem o homem e fazem dele um tirano e um déspota moderno, e um escravo da fatalidade.

Quando o Maçom se organiza para ir à reunião de sua Loja, a sua preparação deve se dar desde cedo e deve seguir os pensamentos e ações positivas e altruísticas, voltadas para o bem das pessoas e da humanidade. A participação positiva será daqueles Irmãos que, muitas vezes com poucas palavras, mas com muita participação efetiva, conseguirem contribuir para as grandes realizações pessoais e coletivas. Falar muito quase sempre é desnecessário, pouco se aproveita, entedia e dispersa os ouvintes, perde a atenção do foco e do objetivo inicial, e transforma em cansativas as Sessões, o que afasta os Irmãos e esvazia as Lojas. Falar pouco e apenas o necessário, e de forma objetiva e clara, permite que os ouvintes possam absorver, entender, compartilhar e participar da proposta que se pretende executar. Ao falar, avalie a importância e a relevância do que vai ser apresentado, buscando filtrar o seu conteúdo pelas três peneiras da sabedoria: a Peneira da Verdade, a Peneira da Bondade, a Peneira do Altruísmo. É também observar que todos os Irmãos podem ter a necessidade de falar e necessitam ter oportunidade para serem ouvidos.

Nos dias de reunião da Loja Base deve-se realizar uma lida no Ritual do Grau a ser trabalhado, para lembrar dos seus detalhes e de sua importância. Mesmo que se saiba de cor o seu conteúdo, não se devem negligenciar os Cargos e nem as funções em Loja, especialmente se for uma Sessão especial ou que não uma frequência contínua de realização. Se algum Irmão cometer alguma falha, corrija, se possível com discrição e seriedade, evitando fazer disso algum motivo de chacota ou gozação que possam constrangê-lo. Quando a Cerimônia é por todos desenvolvida de forma harmônica e consciente, com amor e com seriedade, todo o ambiente do Templo reflete a atmosfera de paz, de harmonia e de tranquilidade entre todos os presentes. Ou seja, todos saem da reunião renovados e realmente "felizes, contentes e satisfeitos", como consta nos Rituais. Os Rituais e as Ritualísticas devem ser cumpridos em todos os seus detalhes, sem qualquer forma de acréscimo ou invencionice por parte dos Irmãos, especialmente em Sessões Magnas. Quando a reunião ocorre de forma correta e com boa vontade de todos, tudo fica mais belo e sem falhas, proporcionando um bem-estar geral para todos, tudo efetivamente fica, e permanece por um longo tempo, Justo e Perfeito.

O Templo deve ser interpretado como o local sagrado e especial para a reunião dos Irmãos realmente imbuídos do desejo sincero de aprender, de evoluir e de contribuir para o progresso moral e espiritual de todos os participantes. Valorizar a reunião, apresentar-se com trajes adequados, despir-se de vaidades e de pensamentos mesquinhos, buscar manter os pensamentos elevados, nobres e altruísticos para com os Irmãos. A indumentária adequada, as atitudes fraternas, o comportamento ético e moral de cada Irmão influenciam diretamente no relacionamento entre os Irmãos e nos bons sentimentos de cada reunião. Portanto, muito cuidado com aqueles que se mostram relapsos, desleixados e descompromissados com a Ordem, pois, além de não respeitarem nem a si mesmos, também assim o farão com os seus Irmãos e com a Maçonaria: "Aquele que é fiel e amigo no pouco, será fiel no muito. Aquele que é infiel no pequeno será igualmente infiel no grande". É dever de cada um de nós, Mestres Maçons, alertar, orientar e criticar construtivamente, visando sempre ao progresso individual dos Irmãos e coletivamente da Loja e, ao mesmo tempo, buscando extirpar aquele "Profano de Avental" que compromete o bom andamento dos trabalhos.

Qual deve ser o estado de ânimo e de espírito que o Maçom necessita apresentar ao chegar para a Sessão Ordinária de sua Loja?:

1. Deve ser amável e cordial, cumprimentar e abraçar os seus Irmãos com alegria e simpatia, demonstrando a satisfação em participar daquela reunião;
2. Deve, se necessário, ajudar na organização e na preparação da Loja, aproveitando a oportunidade para ensinar e orientar aos demais Irmãos, especialmente os Aprendizes e os Companheiros, sobre o significado simbólico e espiritual de cada componente do Templo;
3. Procurar cumprir a pauta da reunião, os horários e os tempos previstos para os estudos e as atividades previamente agendadas, ressalvando os casos excepcionais de urgência e de interesse geral (e que não deve ser transformado em rotina);
4. Buscar deixar no mundo Profano os problemas ali construídos, para que a reunião seja profícua e rigorosamente dentro do espírito Maçônico;
5. Todas as atividades e obrigações Maçônicas devem ser realizadas com o espírito livre, com harmonia e paz no coração, com amor e gratidão pela

oportunidade de aprender, de ensinar, de ajudar e de ser ajudado;

6. Poder experimentar, praticar, receber e transmitir os aprimoramentos moral e espiritual proporcionados pela Maçonaria deve ser entendido como uma especial e significativa dádiva a poucos oferecida, pois muitas pessoas, se assim o soubessem e lhes fosse permitido, desejariam estar participando desta comunhão Maçônica Fraternal.

Enquanto um Maçom ético, não se pode e não se deve fazer julgamentos precipitados nem preconceituosos daqueles que conosco convivem. Estamos todos na mesma escola da vida aprendendo a nos relacionar uns com os outros, e o discernimento e o ritmo de entendimento é diferente para cada pessoa, o que não torna nenhuma pessoa melhor ou superior às outras pessoas. Desejar que o outro pense como eu é negar-lhe a sua própria liberdade de pensamento e de expressão, diferença essa tão salutar para o crescimento pessoal e coletivo. Temos a obrigação de orientar, de guiar e de ensinar, mas nunca de impor pontos de vista pessoais inerentes ao nosso modo de ver, de sentir, de interpretar e de agir. Não é por acaso que nos é sempre exigida a tolerância, pois devemos aprender a ser tolerantes primeiro conosco mesmos, e então estendê-la aos demais.

A Maçonaria combate a ignorância e os vícios de todas as formas em que se apresentam. Portanto, devemos cultivar o hábito de leitura para enriquecer os nossos conhecimentos e auxiliar de forma honesta todos aqueles que estão à nossa volta. Estar atento e sempre lembrar aos Irmãos que um Maçom deve ter irrepreensíveis e sem deslizes as suas condutas moral, familiar, ética, social e cívica. Lutar pelo princípio da equidade, proporcionando a cada um o que lhe for justo, de acordo com a sua capacidade, as suas obras e os seus méritos. Um autêntico Maçom deve sempre servir de exemplo em qualquer ambiente ou situação em que estiver, lembrando sempre que: "As palavras comovem, mas são os exemplos que arrastam!". Educação, gentileza e fineza também são Virtudes pertinentes e desejáveis a todos os Irmãos, e que podem ser desenvolvidas e praticadas. Devemos manifestá-las em todos os nossos relacionamentos pessoais, em especial no meio maçônico, o que muito contribuirá para a paz e a harmonia entre os Irmãos e para o bom andamento dos trabalhos nas Sessões da Loja.

O Querido Amigo e Irmão Reverendo Pedro Alves de Aguiar Júnior cita Lloyd John Ogilvie, que, certa feita, encontrou-se com um amigo e que este parecia triste e cansado, sem ânimo e sem entusiasmo pela vida, com acentuado negativismo sobre si mesmo, sobre o futuro e sobre a vida. Embora o seu amigo estivesse no auge da vida, os problemas que enfrentava incitaram a dúvida em seu interior, uma verdadeira batalha se travava em seu íntimo, esgotando-lhe a energia criativa e transformando obstáculos cotidianos em monstros mentais insuperáveis. Ele guerreava contra si mesmo, contra tudo e contra todos. Até que, em um determinado dia, através da Fé e da Esperança, ele decidira mudar seus pensamentos, seus referenciais e suas ações, ele decidira que queria viver plenamente a sua vida. A própria Esperança é uma espécie de Felicidade, pois é impossível viver sem a Esperança, é impossível viver sem um Porvir, mesmo que este Porvir seja incerto e sombrio, mesmo que os gritos de Esperança se misturem com os gemidos de dor e alguns sentimentos de angústia. Para obtermos as melhores respostas para cada um de nós, devemos fazer as perguntas certas (como diz certo comercial de TV: "Não são as respostas, mas as perguntas que movem o mundo").

Para o Irmão Alim Rocha de Abreu, as nossas respostas, muitas vezes, estão muito perto de nós, tão perto que não conseguimos enxergá-las, pois os horizontes são amplos demais e não nos habituamos a empregar o coração para vislumbrar o que os olhos não podem alcançar. A Fé, a Caridade e a Esperança nos mostram o caminho e nos levam a crer que somos capazes de ser cada vez melhores, e cada dia vivido de acordo com esses preceitos nos prova isso, bastando que nos encontremos usando os olhos do coração. Fé, Caridade e Esperança caminham juntas e, mesmo enfrentando uma situação de tristeza, de sofrimento e de descrença, precisamos ter esperança e crer que o amanhã poderá ser melhor, e que esta transformação depende de cada um de nós realizarmos a nossa parte. (O profeta Jeremias disse assim: "Quero trazer à memória o que me pode dar esperança".) Mais cedo ou mais tarde cada um de nós terá que decidir como deseja viver a sua própria vida: "O segredo da Felicidade, da Verdadeira Felicidade, consiste em fazer o que você verdadeiramente gosta, na ocasião e no tempo em que você decide que pode, e com quem você de fato ama".

A vida sempre teima em nos ensinar – embora não sejam todos que desejam, ou conseguem ou estejam preparados para alcançar os seus ensinamentos e transformá-los em aprendizagem – que devemos seguir o ritmo, as etapas e os ciclos da natureza. Desta forma, frequentemente devido ao nosso imediatismo – ou, como diríamos no popular, devido à "nossa cabeça dura" e a não querermos "dar o braço a torcer" e demonstrar que estamos equivocados –, "remamos contra a maré" e insistimos em repetir os mesmos erros e os mesmos sofrimentos já vivenciados anteriormente, como ensina a "Lei do Eterno Retorno" ou dos "Ciclos Cármicos" dos budistas. Assim, quebramos os Três Grandes Niveladores da Vida, e que mantêm o Equilíbrio Cósmico, que são: a Disciplina, a Paciência e o Tempo.

Neste sentido, encontramos o texto de Robson Pinheiro, que destaca a beleza da efemeridade e do desapego:

> *Somos como as folhas de uma grande árvore. Quando o vento passa, nos leva para onde a força da vida indicar. Todos são espíritos. Todos são imortais. Nós não temos cor, não temos raça nem bandeira que limite a nossa ação. Às vezes é preciso que o vento nos leve até determinado lugar para aí desempenharmos uma tarefa. A gente se esconde num corpo quente, num coração amoroso e então renasce vestido de carne, com roupa branca e preta, ou amarela; bonita ou feia. Quando chega a hora e o vento sopra novamente, partimos, deixamos a roupa usada e rumamos para onde a vida nos conduzir, para viver outra experiência. Por isso é que devemos nos desapegar das coisas do mundo, mesmo daquelas que são boas. Estamos aqui somente de passagem.*
>
> *Somos todos peregrinos, romeiros da vida. Em nossa viagem pelo mundo só possuímos, na verdade, aquilo que doamos, que oferecemos à vida: o amor, as virtudes, o bom caráter. As outras coisas são muletas que usamos para ajudar na caminhada; assim que aprendemos a andar direito, com a cabeça erguida da vida, deixaremos tudo de lado para partir rumo a novo aprendizado. Ficará para*

trás tudo aquilo que nos prende ao chão, à retaguarda. É preciso se desapegar do mundo. Usar as coisas que estão no mundo sem se submeter a elas. Essa, a verdadeira essência da sabedoria. Somos todos imortais, espíritos, filho da vida, de Deus. Coisas passageiras não fazem parte do que é eterno, e o que é eterno não pode ficar preso àquilo que é passageiro.

O poeta Guimarães Rosa também contribui para uma forte e necessária reflexão sobre os sentidos da nossa existência, assim expressa: "O correr da vida embrulha tudo. A vida é assim: esquenta e esfria, aperta e daí afrouxa, sossega e depois desinquieta. O que ela quer da gente é coragem".

A sociedade atual é muito dinâmica e as instituições que dela fazem parte também precisam ser, para estarem sempre preparadas, adequadas e alinhadas com os diversos processos advindos das mudanças que diuturnamente movem o mundo e modificam continuamente os parâmetros que cercam a vida e as relações entre as pessoas. Adequar-se, portanto, a esta realidade é uma questão de sobrevivência e de credibilidade e mais, de definição de focos de atuação, de objetivos e de metas concretas no presente e para o futuro. Nesse sentido, será que os Irmãos sabem, se comprometem e se envolvem com os objetivos e metas das Lojas Maçônicas às quais pertencem? Ou melhor, será que o fazem também em relação aos objetivos, metas e, sobretudo, princípios da Sublime Ordem que um dia os acolheu por meio da Iniciação e sob a tomada de um Juramento Sagrado e Solene?

É considerável o número de Homens Iniciados que simplesmente folheiam os seus Rituais para depois guardá-los no fundo da gaveta mais escondida e, ao alcançarem o Grau de

Mestre Maçom, se estudavam um pouco, a partir daí deixam de estudar, pois entendem, coitados, que atingiram a Plenitude Maçônica, e aí podem estagnar seu processo evolutivo maçônico e pessoal. Muitos param no tempo e não aceitam que se discuta dentro das Lojas assuntos de interesse geral e atinentes à Ordem e à Sociedade, como, por exemplo: assuntos políticos, culturais, educacionais, familiares, sociais e outros, provocando estagnação e retrocesso que, consequentemente, impedem aquilo que mais buscamos: o desenvolvimento humano pessoal, moral, ético e de seu capital intelectual, resultando em alguns absurdos dentro de uma Loja Maçônica, tais como: comodismo, ostracismo e esvaziamento das Lojas, por absoluta falta de conteúdo e de interesse; comportamento antimaçônico de alguns Irmãos que querem fazer de seus defeitos e vícios, regras morais para os demais; desrespeito às tradições históricas, onde candidatos são indicados sem o menor critério, permitindo que indivíduos sem princípios utilizem a Ordem unicamente para a conquista de benefícios pessoais e ou profissionais.

Cruzar os braços é permitir que um ciclo vicioso, difícil de ser revertido, faça com que o homem seja mal apresentado, mal sindicado, mal iniciado e mal conduzido em seu caminhar Maçônico. Sem desenvolvimento humano não há evolução, pois somente as pessoas podem agregar valor a uma Organização. Por isso é fundamental que se fortaleçam no ambiente e clima interno de nossas Lojas Maçônicas valores que vão muito além da simples hierarquia ou da disciplina. É preciso massa crítica com conhecimento e responsabilidade para que o capital intelectual consolide os valores éticos e morais, o empreendedorismo, o trabalho em equipe, a diversidade de ideias e, em especial, a capacidade de liderar seres humanos Livres e de Bons Costumes.

Para Liderar é preciso preparação e desenvolvimento de habilidades especiais. As corporações, dentre elas a nossa Sublime Instituição, devem estar cientes dessa necessidade e precisam investir esforços para que isso aconteça de uma forma muito clara e consistente. Não basta ao indivíduo, trabalhador ou Maçom, simplesmente ocupar um determinado cargo ou função em sua organização. É essencial que ele aprenda e desempenhe com eficiência, dedicação e zelo todas as tarefas relacionadas ao seu cargo ou função e, com a experiência adquirida, desenvolva novas habilidades para com o tempo assumir responsabilidades mais complexas e determinantes à sua vida, às de seus Irmãos, à de sua Loja e de toda a Maçonaria Universal.

Se observarmos em nossa dinâmica, o Maçom só pode ocupar cargos em sua Loja, após ser Exaltado ao Grau de Mestre Maçom e, assim mesmo, após conhecer o escopo e os requisitos do Cargo para qual foi ou será designado. Nessa dinâmica ele vai trabalhando, se preparando e avançando, ou seja, adquirindo experiência e vivência, mas, sobretudo, conquistando a confiança de seus Irmãos para, no momento adequado, se colocar à disposição para voos mais altos – a Diretoria da Oficina: primeiro como um Vigilante e, quiçá, uma concessão do Grande Arquiteto do Universo, o Líder maior de seus Irmãos – O Venerável Mestre. E para ser um Líder e Venerável Mestre, dentre inúmeros atributos, é imprescindível algumas qualidades e virtudes:

- Saber que cada pessoa ou Irmão tem motivos diferentes para agir;

- Saber despertar, em cada um de seus liderados ou Irmãos, o motivo para agir em uma mesma direção, formulando uma visão para o futuro, encorajando-os, treinando-os, ensinando-os e envolvendo-os;
- Ter orientação para as pessoas e não para coisas materiais;
- Valorizar o relacionamento;
- Ter transparência e diálogo efetivo;
- Estimular nas pessoas e nos Irmãos a criatividade e a inovação;
- Ser aberto às mudanças;
- Saber encarar o desafio como uma oportunidade;
- Estimular o alto-astral e o ambiente positivo;
- Ter senso de prioridade;
- Ter comprometimento com as decisões;
- Saber delegar, entretanto, sem abrir mão da responsabilidade final.

Em pleno século XXI, no apogeu da velocidade da informação e do conhecimento, não dá para perdermos tempo dentro de Loja, com histórias da carochinha, picuinhas, questiúnculas e lamentações. Uma Loja Maçônica precisa ter os seus objetivos e metas muito bem estabelecidos pelo conjunto de seus Obreiros e demais entes, inclusive familiares, em especial sob o ponto de vista social, político, ambiental e econômico. Cabe a quem lidera a sabedoria para modelar os espíritos livres, para fortalecer os corações e as mentes, para descobrir os caminhos e alinhar os rumos da jornada interior. Também não pode faltar a quem pretende liderar nenhum dos três seguintes requisitos:

- Profissionalismo;

– Espontaneidade;
– Autenticidade.

O Mestre Maçom que não estiver preparado e convencido de que tem que ser assim deve voltar ao varal do tempo, revestir-se de seu Avental de Aprendiz Maçom e sentar-se humildemente no Topo da Coluna B.

O Verdadeiro Iniciado nos Mistérios da Maçonaria Universal necessita observar e seguir alguns preceitos como aqueles relacionados a seguir: Eu admiro o Homem capaz de assumir as consequências de suas ações. Surpreende-me o Homem que defende a verdade de seus Irmãos, acima de qualquer suspeita, mesmo à custa de vantagens, privilégios, vaidades e promessas falsas. Respeito o Homem que age conscientemente, com personalidade e com honestidade, que exerce o seu poder com sabedoria, honradez, retidão e justiça. O Homem que fala – e vive – a verdade é um Homem feliz, congruente e feliz com o seu ambiente e com a sua vida. Fascina-me o Homem que sabe para onde vai, qual é o seu destino, para que foi feito pelo Criador e quais são os seus ideais. Ele sabe o que deve – e o que não deve – fazer e o faz.

Segundo o texto do Irmão José Paulo, podemos enfatizar: Gosto do Homem que honra a sua palavra e sabe cumpri-la a todo o custo, sem receio das suas consequências, inclusive com o sacrifício da própria vida se necessário for. Fico maravilhado com o Homem que é respeitoso e justo com os seus Irmãos e reto consigo próprio. O Homem que agradece as gentilezas de seus Irmãos e as experiências boas que existem em sua vida, que vive cada momento com ânimo, denodo e valentia, dando o melhor de seu ser, que tem o poder de enriquecer a sua vida e a dos seus semelhantes, dando um sorriso, oferecendo as suas mãos, o seu apoio e a sua generosidade para construir o Templo Interior de outras pessoas, sem esperar nada em troca nem desejar usufruir de vantagens.

Cativa-me o Homem verdadeiro e autêntico, capaz de criticar e orientar positiva e construtivamente, frente a frente, de forma íntegra e segura, sem ofender, ferir, machucar ou humilhar. O Homem que tem discernimento do certo e do errado, da hora certa de falar e de calar, de fazer e de aguardar, que tem tato, perspicácia, prudência e lealdade para com o que é correto e direito. Enalteço o Homem que tem senso e sede de justiça. A estes eu chamo de "Os meus verdadeiros Amigos e Irmãos". Eu simpatizo com a atitude do Homem Bom e de Bem, que sabe a importância da alegria e da camaradagem, e que lidera pelo bom exemplo, estimulando e entusiasmando todos a atingir seus nobres ideais e suas nobres virtudes. Alegra-me o coração quando o Homem que, mesmo diante de problemas e dilemas morais, ensina a viver a essência do efêmero da nossa existência humana, com humor, concórdia e harmonia.

Respeito o Homem que nunca se atemoriza nem nunca perde o seu coração de criança, que não se vende por vantagens pessoais, mas se preocupa e compartilha com todos aqueles que buscam a verdade e a justiça. Fascina-me a pureza de pensamento, e de ações, do Homem quando está liberto de amarras ideológicas, e quando joga fora o saco de pedras do ódio, da inveja, da cobiça, das ambições e dos demais pesos/vícios que o mantinham aprisionado num poço sem fundo e que o empurravam para fora do seu Templo Sagrado Interior do Bem e do Amor. Orgulho-me do Homem sincero, fraterno, honesto, verdadeiro e firme, com espírito público, e capaz de se opor abertamente, com argumentos sólidos e razoáveis, a opiniões, posições e atitudes que oprimem, humilham e cerceiam a Liberdade, a Fraternidade e a Igualdade entre os Seres Humanos.

Eu ombreio com o Homem justo e perfeito, consistente e persistente e que não desanima, nem titubeia, nem arrefece quando é chamado para a batalha nem quando os objetivos e os ideais de verdade e de União Fraterna e humana estão em perigo. Eu reverencio o Homem de critérios amplos e flexíveis, e de mente aberta para o novo e para todas as ciências e filosofias, mas que não é uma pessoa obsoleta, obtusa, retrógrada ou fanática, e que não tem vergonha de admitir/assumir que não sabe tudo, ou que também erra. O Homem que, ao aceitar os seus erros, se empenha genuinamente para corrigi-los e para não voltar a cometê-los. O Homem que luta contra os seus defeitos, seus vícios e sua ignorância pessoal e os das outras pessoas. Simpatiza-me o Homem prático que não enche a sua mente com problemas e preocupações inúteis, que não levam a nada, a não ser gerar ostentação e exibição medíocre.

Convence-me o Homem que pensa, medita, reflete internamente e que age de forma equilibrada e comedida. O Homem que convive e valoriza os seus semelhantes, não apenas pelo que possuem materialmente, nem como se parecem externamente. O Homem que não julga e não permite que os outros julguem, que tem caráter e personalidade firmes e moral ilibada, que nada deve e nada teme. O Homem capaz de entender que um dos maiores erros do Ser Humano é buscar tirar algo de sua cabeça que não tenha saído antes de seu Coração. Regozijo-me com o Homem que estende a sua mão para alguém que tenha sucumbido às tentações, e que também não contribui intencional e propositalmente para a queda de outrem.

Nós nascemos para cometer erros, mas também para corrigi-los, aprender e evoluir pessoal e espiritualmente. O somatório dos nossos erros constitui o sucesso e o triunfo finais de nossa existência terrena. Quem não erra que atire a primeira pedra! Aqueles que se julgam perfeitos nunca fazem qualquer coisa de altruísta e nem para romper com o seu comodismo, da inércia, do marasmo e da mediocridade. A verdadeira glória não consiste em nunca errar, mas sim em erguer a cabeça e buscar fazer melhor e mais certo quantas vezes forem necessárias. E isso, poucos e verdadeiros Homens, de fibra e determinação, têm o destemor e abnegação de vivenciar.

Algumas Virtudes Cardeais são condições precípuas aos Homens Livres e de Bons Costumes, tais como:

- a sensibilidade,
- a coragem,
- a solidariedade,
- a fraternidade,
- a bondade,
- o equilíbrio,
- o respeito,
- a ética,
- a moral,
- os valores,
- a tranquilidade,
- a alegria,
- o desprendimento,
- a fé,

- a caridade,
- a esperança,
- a humildade,
- a felicidade,
- o tato,
- o bom-senso,
- a confiança,
- a lealdade,
- a amizade,
- a gratidão,
- a sabedoria,
- o arrependimento e
- os sonhos.

Com Homens dessa envergadura, e dessa estirpe, comprometo-me e responsabilizo-me por qualquer empreendimento para o resto de minha vida, pois somente assim a Espécie Humana poderá sobreviver e evoluir.

As pessoas comuns retratam a Virtude como algo à parte, uma atividade e uma qualidade realizadas em particular por um grupo de elite, reunido por interesses próprios, algo impossível de ser alcançado pelos cidadãos em sociedades complexas. Essa imagem distorcida pode ser fruto do desconhecimento, da inveja e do comodismo de muitas pessoas que não buscam superar os próprios limites e os desafios da vida cotidiana. Um homem virtuoso propugna pelos exemplos, pelas ações nobres e pelas posturas corretas enquanto sendo um cidadão do mundo, um autêntico "Homem Livre e de Bons Costumes", de quem o seu dever não é para com ele, e sim para com a sua família, com os seus amigos e com a sua pátria.

O termo "virtude" se origina do latim "*virtus, virtudem*", no sentido de vir, no sentido de uma caminhada pessoal de dentro para fora. Virtudes são qualidades inatas que necessitam de Exemplos Positivos da Escola da Vida para tornar os Homens virtuosos: vigilância e perseverança nos estudos, na lealdade e na tolerância como oposição à ignorância, à hipocrisia, à falsidade e ao fanatismo, assim como a busca da humildade, da amizade, da união, do equilíbrio emocional, da discrição, da fidelidade, da prudência, da sabedoria e da justiça, uma vez que, como nos ensina uma pragmática assertiva, bem apropriada e necessária para os tempos atuais, do início do século XXI: "Se você quer a Paz, cuide da Justiça". O filósofo grego Platão também apresenta a sua contribuição acerca da imprescindível necessidade da Virtude: "Não se filosofa entre os deuses e nem entre os ignorantes. Somente os filósofos, os Iniciados e os virtuosos conseguem filosofar".

Também, podemos referenciar os Três Niveladores da Vida Humana, que são virtudes cardeais para uma vida digna, honesta e equilibrada: Disciplina, Tempo e Paciência. E, como uma breve consideração final, podemos citar um significativo conto oriental, de vasto e profundo simbolismo:

> *"Um Mestre deu ao seu discípulo uma mensagem em um papel lacrado, para ser aberta somente em um momento extremamente difícil ou em um momento de muita felicidade em sua vida. Alguns anos depois, quando tudo parecia perdido e sem solução, o discípulo lembrou-se da mensagem de seu Mestre e a abriu. Lá estava escrito: 'Isso também passa'."*

Desta forma, estaremos construindo um novo paradigma para a vida e para a Maçonaria, e quebrando a imposição sócio-temporal, presente em um momento do filme "Dúvida", que diz: "Há um vento por detrás de cada um de nós que nos carrega e nos arrasta pela vida. Nós não o vemos, não podemos dominá-lo e nem conhecemos o seu propósito". No entanto, e ainda bem que podemos encontrar essa percepção sobre o resgate do caminho do bem e sobre o esplendor do belo, artisticamente representada em uma filosófica e mística expressão milenar, que assim afirma: "Para sermos Homens em sua plenitude humana, devemos cavar masmorras ao vício e levantar templos à virtude". E, confirmando essa irretocável afirmação de sabedoria esotérica, podemos também citar Theodore Roosevelt, no filme "Dúvida", que assim afirma: "A única coisa que devemos realmente temer é o próprio medo".

Modificar o pensamento, a postura e as ações dos Maçons diante da Maçonaria e diante do mundo. E não apenas na Maçonaria, mas diante de todos os desafios, dilemas e oportunidades que a vida oferece. Modificar o desejo e os comportamentos egoístas, mesquinhos e inconsequentes daqueles que querem levar vantagem em tudo, acima de tudo e de todos e a qualquer preço, passando por cima de valores éticos e morais. Exemplos: – furar fila de banco; estacionar em local proibido; emplacar carro em outro Estado onde o IPVA é mais barato. De acordo com Martin Luther King: "Hoje não temos mais a opção entre a violência e a não violência. É somente a escolha entre a não violência ou a não existência".

O Irmão Leonel Ricardo de Andrade destaca significativas referências acerca das qualidades, deveres e obrigações do Homem Maçom, descritas a seguir. O Venerável Mestre alerta o Candidato durante o Cerimonial de Iniciação sobre os perigos de tornar-se Maçom:

> – *"Ainda uma vez, refleti, senhor. Se vos tornardes Maçom, encontrareis em nossos símbolos a realidade do dever. Não deveis combater somente as vossas paixões e trabalhar para vosso aperfeiçoamento, mas tereis, ainda de combater os outros inimigos da Humanidade, como sejam: os hipócritas, que a enganam; os pérfidos, que a defraudam; os ambiciosos, que a usurpam; e os corruptos e sem princípios, que abusam da confiança dos povos. A estes não se combate sem perigos!".*

O Irmão Orador informa o Candidato sobre a natureza dos deveres que este terá que cumprir se persistir a compartilhar dos bens de nossa Ordem:

> – *"O primeiro de vossos deveres é o mais absoluto silêncio acerca de tudo quanto ouvirdes e descobrirdes entre nós, bem como de tudo quanto, para o futuro, chegardes a ouvir, ver e saber. – O segundo dos vossos deveres, o que faz com que a Maçonaria seja o mais puro dos ideais, sobre ser a mais nobre e a mais respeitável das Instituições humanas, é o de vencer as paixões ignóbeis que desonram o Homem e o tornam desgraçado, cabendo-vos a prática constante das virtudes, socorrer os Irmãos em suas aflições e necessidades, encaminhá-los na senda da virtude, desviá-los da prática do mal e estimulá-los a fazer o bem, dando-lhes exemplos de tolerância, justiça e respeito à liberdade, exigências primordiais de nossa Sublime Instituição. O que, em um Profano, seria uma qualidade rara, não passa, no Maçom, do cumprimento elementar de um dever. Toda ocasião que perder de ser útil é uma infidelidade; todo socorro que recusar é um perjúrio. E, se a terna e consoladora amizade tem o seu culto em nossos Templos Maçônicos, é menos por ser um sentimento do que por ser um dever que se transforma em virtude".*

Também os Irmãos 1º e 2º Vigilantes destacam alguns princípios fundamentais da Maçonaria:

> *"A Maçonaria é uma associação íntima de Homens escolhidos, cuja doutrina tem por base o Grande Arquiteto do Universo, que é Deus; como regra, a Lei Natural; por causa, a Verdade, a Liberdade e a Lei Moral; por princípio, a Igualdade, a Fraternidade e a Caridade; por frutos, a Virtude, a Sociabilidade e o Progresso; e, por fim, a Felicidade dos povos que, incessantemente, ela procura reunir sob sua bandeira de paz. Assim, a Maçonaria nunca deixará de existir, enquanto houver o gênero humano! O Maçom também deve honrar e venerar o Grande Arquiteto do Universo, a quem agradece, sempre, as boas ações que praticar para com o próximo e os bens que lhe couberem em partilha; tratar a todos os Homens sem distinção de classe e de raça, como seus iguais e Irmãos; combater a ambição, o orgulho, o erro e os preconceitos; lutar contra a ignorância, a mentira, o fanatismo e a superstição, que são os flagelos causadores de todos os males que afligem a Humanidade e entravam o seu progresso; praticar a Justiça recíproca como verdadeira salvaguarda dos direitos e dos interesses de todos, e a tolerância, que deixa a cada um o direito de escolher e seguir a sua religião e as sua opiniões; deplorar os que erram, esforçando-se, porém, para conduzi-los ao verdadeiro caminho; enfim, ir com todas as suas forças em socorro do infortunado e do aflito. O Maçom cumprirá todos esses deveres porque tem a Fé, que lhe dá a coragem e o conduz ao progresso; a perseverança, que vence os obstáculos; e o devotamento, que o leva a fazer o Bem, mesmo com risco de sua vida e sem esperar outra recompensa, a não ser a tranquilidade de consciência!".*

Portanto, para ser Maçom não basta apenas passar

pelo Ritual Sagrado da Iniciação. É preciso muito mais. É preciso que o Homem Iniciado conquiste, ao longo de sua trajetória Maçônica, a condição de Ser Maçom. Quantos que Iniciaram já leram e têm consciência acerca dos chamamentos que a Sublime Ordem nos faz a cada instante? Quantos Iniciados em verdade comportam-se dentro dos Sãos Princípios de nossa Sublime Ordem e adotam, em sua vivência diária, preceitos de Lealdade e Honra para com os seus familiares (esposa, filhos, pais, irmãos, entre outros), Irmãos de Ordem e a Humanidade? Quantos ainda estão arraigados, mesmo após receberem a Luz, às materialidades primárias do mundo Profano?

Quantos ainda são apegados às honrarias e ao poder? Quantos se pautam pela impaciência, falta de amor, intolerância, conivência, interesses espúrios e recompensas ilícitas? Quantos buscam fora da família, longe da Companheira, algo de diferente? Ser um Verdadeiro Maçom, ao contrário do que se pensa, não é fácil. Para sê-lo é preciso reforma interior, desprendimento material, responsabilidade e envolvimento com os sãos princípios da moral e da razão e, em especial, dedicação e zelo para com o trabalho Maçônico.

Aliás, muitos Iniciados não sabem o que é trabalho Maçônico, visto que desconhecem o verdadeiro sentido da existência de nossa Sublime Ordem. Quantos não estudam, não frequentam regularmente os trabalhos da própria Loja, não visitam Lojas Coirmãs, não tomam posicionamento e nem atuam concretamente acerca do que acontece nas comunidades onde estão inseridos? Quantos são convocados pela Diretoria da Loja no sentido de alguma ação social, mas que fogem ao chamamento de suas obrigações e deveres?

Basicamente, existem dois tipos de pessoas:

– as que fazem e;

– as que não querem fazer.

Essas sempre alegam que não têm tempo. É muito simples para um homem não fazer nada, se mantendo impassível em sua cômoda zona de conforto, frequentando tão somente a sua Loja uma vez por semana, criticando o trabalho dos outros e criando empecilhos para as ideias alheias e, estrategicamente, impondo aos demais Irmãos os seus defeitos como se virtudes fossem: quando não convém ao seu ego, obstaculiza, mas, quando convém, se coloca como o pai da ideia. Com uma Maçonaria Limpa e Pura, e ela tem que sê-lo, poderemos influenciar a sociedade e incutir na mente das pessoas que os valores éticos e morais são inegociáveis. Esse tem sido o foco de minhas reflexões, justamente para incutir na mente e no coração dos Maçons essa disposição.

Nesse sentido é fundamental que aqueles que se colocam à disposição para a direção de uma Loja Maçônica estejam de fato preparados para a liderança de pessoas e gestão de todos os processos que envolvem a nossa Sublime Instituição. Homens capazes de pensarem muito além da hierarquia e que saibam conquistar os seus Irmãos, familiares, amigos e outras partes interessadas, não pelo Cargo que ocupam, mas sim pelos exemplos, sejam eles de trabalho, de desprendimento ou de humildade.

A Maçonaria não somente espera, mas também trabalha para que todo Iniciado em seus Augustos Mistérios se transforme em um Maçom Ativo e atuante. Ou seja, que vivencie plenamente a sua Trajetória Maçônica com prudência, discernimento, serenidade e, sobretudo, despido de vaidades e de interesses escusos. Nesse sentido, Lealdade e Honra são requisitos indispensáveis para que um homem seja respeitado e reconhecido como Justo e Perfeito. Só assim ele deixará uma História e, com ela, as suas Marcas pelos caminhos que trilhar!

Na Região de Carangola, temos implementado algumas expressivas estratégias com o objetivo de ampliar, e efetivar, as ações da Maçonaria, tais como:

1. Reuniões mensais das "Lojas Unidas", que congregam diversas Lojas Maçônicas da Região de Carangola, com o objetivo de propor ações e projetos que tragam benefícios para as Cidades que compõem a Região; Discussões que favoreçam o estudo da Ritualística Maçônica. Encontros Sociais que visam a aproximação entre as Lojas e entre os Irmãos;
2. Sessões de Instruções mensais sobre os Graus 1, 2 e 3;
3. Constituição do Conselho de Veneráveis Mestres e do Conselho de Mestres Instalados das Lojas da Região;
4. Discussão sobre a Missão do Venerável Mestre, e a definição da Verdadeira Opção pela Maçonaria por todos os Irmãos das Lojas;
5. Atividades culturais, cívicas, ritualísticas e espirituais, como campanhas de Beneficência e a Campanha sobre a preservação do Meio Ambiente.

Motivação para o Comprometimento Maçônico

Irm∴ Elio Figueiredo
Or∴ São Paulo – SP

A Maçonaria passa por tempos em que reflete dentro das Lojas o que o "Espelho" Sociedade lhe transmite, o inverso seria o caminho que todos os Maçons procuram, que sempre lutaram por isso e que faz com que os atuais Obreiros Maçons olhem para os seus ancestrais e falem deles com orgulho, invocando os mesmos sempre que é necessário justificar a existência da Ordem.

Mas esse deve ser o caminho? O caminho não devia ser tentar refletir na sociedade os princípios, os valores maçônicos, a sua forma de estar?

(Bruno Miguel Nunes e Frederico Bernard de Carvalho, in Do Secreto ao Discreto – Maçonaria em Portugal. Ed. Sete Caminhos, 2006)

SITUAÇÃO ATUAL DA MAÇONARIA

Analisando a Maçonaria como um organismo social voltado para o bem, vemos que ela foi criada, na forma que a conhecemos atualmente, para lutar contra a tirania, os abusos, o absolutismo dos governantes de então, tendo apresentado feitos, como aqueles que nós reiteradamente repetimos: Proclamação da Independência, da República e Abolição da Escravatura, tendo silenciado a partir de então, vivendo de suas glórias passadas, todas elas promovidas por Maçons e não pela Maçonaria, como instituição.

O que estamos assistindo, na grande maioria das Lojas e Potências, é a luta pelo poder, derivado dos cargos e das insígnias que o Maçom recebe, por merecimento ou porque vai atrás deles, nem sempre para contribuir para a melhoria do mundo, mas para mostrar aos Irmãos que ele é importante dentro do contexto maçônico.

É A VOLTA À BARBÁRIE, ou seja, é um desvio de função e de finalidade para a Maçonaria, que em nada contribui para a função sublime e maior de nossa Instituição, que é a de construir um mundo mais fraterno, justo e feliz. Não, não estamos construindo nada, que dirá uma sociedade mais bonita e feliz para se viver.

Nós ouvimos, sempre, palavras maldosas advindas de pessoas que, evidentemente, não conhecem nada de Maçonaria, e ouvem o que dizem nossos inimigos e, quando confrontados, ou retiram-se da discussão, em geral com palavras desairosas, ou quedam-se mudas, por perceberem que nós temos muito mais informação e conhecimento tanto de Maçonaria quanto da cultura geral, o que os desconcerta.

Ainda recentemente, uma advogada com quem conversei longamente tinha uma visão distorcida de nossa Instituição, chegando a afirmar que, no Tribunal de Justiça de São Paulo, quando um Maçom pleiteia um determinado posto ou Cargo, os componentes que são Irmãos chegam a praticar arbitrariedades para favorecê-lo!

Fiz-lhe ver que não é bem assim, já que, ao admitirmos alguém para trabalhar conosco, em igualdade de condições (currículo, experiência, fluência verbal, etc.), nós escolheríamos o Maçom, por ele ser Irmão, porém, se o outro Candidato apresentar melhores condições, o escolhemos e indicamos ao nosso Irmão formas dele melhorar sua performance.

Porém, isso só nos serve de desconsolo, pois, em nome do "segredo" Maçônico, nós nos fechamos, nada falamos em prol da Maçonaria, deixamos o barco correr, sem explicar nada, esquecendo-se de que o silêncio é a forma mais eloquente de confirmar o que se está dizendo ou indagando.

Acordemos, Meus Irmãos, Vamos à Luta, Sem Trégua!

Todavia, esse silêncio tem um significado muito maior, que é a constatação de que não temos conhecimento do assunto, **mesmo quando o assunto é MAÇONARIA!** O que deslustra nossa entidade, pois, se, como afirma Octacílio Schüler Sobrinho, no seu O Desafio das Mudanças, a *"Maçonaria é uma ESCOLA DO CONHECIMENTO e nada mais. Não é, nunca foi e nunca será um partido político. Não é, nunca foi e nunca será uma instituição econômico-financeira."* (p. 17).

Ora, se a Maçonaria é uma Escola do Conhecimento, como podemos nos calar diante de deslavadas mentiras que grassam por aí?

Por que nos quedamos inertes quando alguém fala mal de nossa Sublime Instituição? Será que ela, que é sublime, não está sendo relegada a segundo plano, enquanto associação de homens de bem, que deveriam estar a "Cavar Masmorras ao Vício e Construir Templos à Virtude"?

A resposta só pode ser uma: ESTAMOS NEGLIGENCIANDO NOSSA PRINCIPAL TAREFA: ***AUMENTAR NOSSO CONHECIMENTO PESSOAL PARA PODERMOS MELHORAR, A PARTIR DE NOSSO APRIMORAMENTO, CONSTRUINDO UM MUNDO MAIS FRATERNO E FELIZ!***

Só para comentar, nos reunimos uma vez por semana, ou a cada quinze dias ou, ainda, a cada mês e, nesse breve espaço de tempo, dedicamos, apenas, ***um quarto de hora (15 minutos) para estudos.***

É UM ENORME CONTRASSENSO!

Aliás, vamos indagar aos nossos Irmãos de Loja o que leram acerca da História, Simbologia e Ritualística Maçônicas nos últimos três meses. Tenho certeza de que vamos receber uma resposta simples, porém estarrecedora: *NADA!*

Será que essa constatação não nos leva a perquirir nosso espírito do que estamos fazendo em Loja (e mesmo fora dela) para melhorarmos o mundo?

Não vou ser redundante para responder o que já está respondido acima, reiteradamente.

Assim, meus Irmãos, como se vê, o Maçom atual é um preguiçoso mental, um brasileiro que cultua as suas históricas origens, achando que não precisa estudar, mas apenas viver com o que já aprendeu, seguindo a determinação medieval em que era proibido ter livros em casa sem autorização da Inquisição, como muito bem situa o problema Wilson Martins, no seu História da Inteligência Brasileira, vol. I, p. 85 e seguintes.

Esse é o panorama atual de nossa combalida MAÇONARIA, o que, a meu ver, é um despautério e uma completa negação da finalidade da instituição.

COMO MODIFICAR ESSE PANORAMA?

Em primeiro lugar, promovermos uma censo Maçônico, porém, sério, a fim de que possamos conhecer a realidade de nossa Instituição, atendendo ao apelo de nosso Irmão Milgar Camargos Loureiro, que sempre pugnou por um levantamento do povo Maçônico, sem obter, nunca, resultados sequer satisfatórios, o que nos leva a crer que nossos Irmãos têm algo a esconder, o que aumenta a curiosidade dos Profanos, que não recebem nenhuma resposta condizente e que possa levá-los a pensar sobre a Maçonaria.

Precisamos, também, conhecer a realidade dos que se desligam dos nossos Quadros de Obreiros, pois nenhum que desiste de frequentar nossos Templos confessa, verdadeiramente, o motivo que o levou a pedir seu *Quite Placet*, já que nunca ouvi ninguém declarar por que estava saindo, exceto alguns que mudam de uma Loja para outra, por motivos pessoais, que expressam seu descontentamento.

Mister se faz pedirmos a quem sai, que nos fale a verdade, ainda que possa doer em nosso espírito ou sentimento, pois, se somos Irmãos, devemos saber a real causa do desligamento, para podermos nos aperfeiçoar, como é o nosso objetivo.

Assim, a partir de conhecermos as razões das desistências, bem como analisarmos os nossos próprios defeitos, é que poderemos colocar uma nova rota à Maçonaria, que hoje é um grande transatlântico perdido no oceano, sem saber qual direção tomar, e todos nós, tripulantes, continuamos na dúvida do direcionamento que queremos e devemos dar a essa nau, carregada de bons sentimentos para distruibuir ao mundo, mas não encontramos esse mundo para transmitir essas benesses, que muito aliviará as dores do orbe.

O sempre redivivo e festejado Octacílio Schüler Sobrinho entendia que a

> *Maçonaria é um filme muito poderoso que engatilha algo inexplicável no mais profundo de nossos sentimentos, como se fossem películas espirituais, cujas influências alcançam todos os que um dia foram Iniciados; é como a eletricidade que nem os engenheiros e os cientistas conseguiram entendê-la completamente; é o fogo moderno. (MM. ob. p. 40/41).*

Se a Maçonaria é o "*fogo moderno*", ou seja, é a grande descoberta para que a humanidade possa prosseguir um caminho mais seguro para uma vida melhor, nós, os Maçons, temos a obrigação de manter aceso esse fogo, que eu diria ser sagrado, mas, infelizmente, estamos diante de uma situação absolutamente anacrônica e inoportuna, em que estamos deixando extinguir-se aquela chama, por vaidades pessoais e desejos incontidos de buscar só a própria felicidade, olvidando-se que todo e qualquer relacionamento só pode dar certo e ser durável enquanto cada uma das partes esteja buscando fazer o outro feliz.

Mais adiante (p. 109/110), o sempre lembrado Octacílio Schüler Sobrinho traz um quadro da situação por que passa a Maçonaria, quando preleciona:

> *O que não podemos admitir é a inércia, o enclausuramento e o engessamento que se quer, atualmente, atribuir à Maçonaria. Ela necessita acordar, despertar, enfim, assumir o papel que a sociedade está a reclamar, mormente após a globalização, quando perdeu seu rumo, seus valores estão canalizados pelos escoadouros sombrios*

> *e velados dos desencantos humanos, que impedem a transformação da vida.*

Tal opinião é corroborada por outro saudoso Irmão, Breno Trautwein, no seu Folhas aos Ventos Maçônicos, que, discorrendo sobre os problemas ambientais do século passado, propõe algumas medidas, que eu tomo a liberdade de citar como forma de fazer a Maçonaria e os Maçons voltarem para o caminho do bom combate.

O texto diz:

> *No século vinte o problema é o desperdício pondo em risco as condições de vida da espécie humana.*
>
> *Vamos, novamente, unirmo-nos em torno destes problemas, discuti-los, criarmos alternativas de solução e dirigir toda a nossa força mundial para eles, e nossa ação deve ser baseada nas premissas:*
>
> *1 – a certeza do perigo;*
>
> *2 – a convicção de que os fatores sociais do desperdício não são eternos, nem imutáveis;*
>
> *3 – criar uma perspectiva clara das mudanças essenciais; e*
>
> *4 – elaborar um projeto claro das transformações.*

Tudo será possível se os nossos governantes descerem do Olimpo, e terem humildade e sabedoria para a união ao redor de um plano geral.

Quanta verdade para a Maçonaria e, principalmente, para os Maçons, não só com relação ao meio ambiente, mas com a instituição como um todo, que necessita acordar de sua letargia e seguir em frente, atrás de seus ideais maiores, a fim de atingir sua finalidade maior: **A FELICIDADE DA HUMANIDADE**, através da trilogia **LIBERDADE, IGUALDADE E FRATERNIDADE.**

Para finalizar, quero deixar claro que a Maçonaria, hoje, necessita de lutar para conhecer seus defeitos e, principalmente, seu engessamento quanto ao Conhecimento e Sabedoria de seus membros, incentivando, especialmente, os novéis Iniciados a estudarem a fundo a função da Maçonaria, incentivados a participar de Eventos Culturais Maçônicos, que se espalham pelo país afora, a fim de criar um interesse maior dos novos Iniciados pela Instituição, sem se fazer terrorismo cultural, nem pronunciar alguns absurdos como: "*seu tempo chegará!*" e "*Aprendiz não fala*", pois, se Aprendiz não falar, como pode indagar dos Mestres as lições que a Vida Maçônica lhes impõe.

Interessante, também, pensarmos em criar um centro de estudos para formar um esquema didático de ensinamento maçônico, com objetivos definidos e pauta de trabalhos, onde todos, inclusive e especialmente os mestres mais antigos, possamos nos aperfeiçoar na maneira como ensinamos aos Aprendizes, Companheiros e Mestres novos serem incentivados ao estudo e reflexão acerca da Maçonaria.

É imprescindível fazermos uma autoanálise profunda e sincera, mesmo que à custa de muito choro, pois sem esse autoconhecimento a Maçonaria continuará patinando sem sair do lugar.

Espero que possamos criar mecanismos destinados ao ensino da Maçonaria, difundindo-os nas universidades deste país, a fim de motivarmos, cada vez mais, os Maçons ao estudo e à reflexão, buscando atingir as metas a que devemos chegar, pois só assim a Maçonaria poderá cumprir – e bem – o papel que a sociedade exige de nós, como construtores sociais.

Ao fechar estes comentários, fica a lembrança do que nos ensina o eminente Antônio do Carmo Ferreira, no seu Educação e Maçonaria, quando recomenda que:

> *Por isto, a Maçonaria intensifica sua ação contra a ignorância, "lutando e pelejando" para que nada de empecilho aconteça ao esforço pela melhoria da qualidade de nossa Educação, devendo cada Maçom continuar alertando o povo para seus direitos de cidadania, apontando-lhe caminhos, acendendo lampiões. (P. 39).*

Como diz o hino da Maçonaria: **MAÇONS, ALERTA** para não permitirmos que a Maçonaria naufrague na beira da praia!

BIBLIOGRAFIA:

FERREIRA, Antônio do Carmo. *Educação e Maçonaria*. Londrina: "A TROLHA", 2011.

MARTINS, Wilson. *História da Inteligência Brasileira*. Martins, 1993

NUNES, Bruno Miguel; CARVALHO, Frederico Bérnard de. *Do Secreto ao Discreto – Maçonaria em Portugal*. Sete Caminhos, 2006.

SCHÜLER SOBRINHO, Octacílio. *O Desafio das Mudanças*. Londrina: "A TROLHA", 2004.

TRAUTWEIN, Breno. *Folhas aos Ventos Maçônicos*. "A TROLHA", 2000.

Motivação para o Desenvolvimento

Irm∴ Lázaro Emanuel Franco Salles
Or∴ Poços de Caldas – MG

Uma das causas do êxodo de Irmãos de nossas Lojas é a falta de motivação. Isto está acontecendo não só em nossa Potência, mas também em outras Coirmãs em todo o país, bem como em todo o mundo. Alguns dados estarrecedores nos foram trazidos pelo Irmão Renato Gabriel, escritor e pesquisador maçônico, Presidente em Minas Gerais da Academia Maçônica Internacional de Letras, que nos relata: – Nos Estados Unidos da América do Norte, em meados dos anos 50, havia cerca de 4,5 milhões de Maçons. Em 2007, este número caiu para 1,5 milhão. No Brasil, que é o terceiro maior país maçônico do mundo, apenas atrás dos Estados Unidos e Inglaterra, temos apenas 120.000 Irmãos que frequentam suas Lojas e 240.000 de Irmãos Iniciados, porém inativos ou irregulares. Nosso Irmão relata que recebeu correspondência da Loja Maçônica "Quatour Coronati" de Londres, a mais antiga Loja de Pesquisas do mundo, que orientava medidas de contenção de custos devido à forte redução de seus quadros e alegando ser esta uma tendência mundial.

São vários os motivos, mas o maior deles, sem dúvida,

é a falta de motivação. Se a Maçonaria não levar ao Neófito aquilo que ele esperava antes de iniciar-se, ele se desmotivará e será um sério Candidato a deixar a Ordem na primeira oportunidade. Assim, em paralelo com a motivação, devemos ter cuidado nas apresentações de Candidatos. Se um determinado cidadão não traz em sua vida as qualidades mínimas para tornar-se Maçom, jamais deveria ser apresentado em uma Loja Maçônica. Maçonaria não é escola de correção, e o cidadão, quando aceito, é recebido limpo e puro e costumamos dizer que ele é Justo e Perfeito. Não vamos nos iludir que nossa Ordem, ou outra qualquer, conseguirá tornar um elemento ruim em bom. Se é ruim, não nos serve, pois não irá colaborar com nosso principal objetivo, que é tornar melhor o gênero humano. Devemos apresentar boas pessoas, com algumas qualidades básicas para tornarem-se nossos iguais na Maçonaria, como ser educado, ter capacidade para aceitar ordens, ter tolerância, ser estudioso e meticuloso em suas ações, ter capacidade para o aprendizado e principalmente possuir espírito Maçônico. Se possuir todas as qualidades citadas atrás, mas não tiver espírito Maçônico, não será um bom Maçom. Então vamos escolher bem nossos Candidatos.

Falemos então da motivação. Temos visto algumas Lojas em que o Venerável Mestre chega quinze minutos antes do início dos trabalhos e pergunta ao Secretário o que tem para aquela Sessão. O Secretário acabou de abrir as correspondências e também não sabe. Ou seja, ninguém sabe: os Vigilantes, o Orador, o Secretário, o Chanceler, enfim, toda a diretoria acaba ficando perdida. Os trabalhos são iniciados e fechados sem nada de novo. Classificamos uma Sessão assim, meus Irmãos, como uma verdadeira perda de tempo. Isto não é Maçonaria.

Nossas Sessões devem ser preparadas. O Venerável Mestre deve prepará-la antecipadamente com a participação de toda sua diretoria. A Comissão de Educação, Cultura e Instrução deve programar-se de maneira a apresentar em todas as Sessões uma boa palestra, se possível audiovisual, com bons temas, e que sejam apresentados sem muita leitura, pois este método torna o Período de Instrução cansativo. Os temas devem ser expostos oralmente, com bastante didática e principalmente com a participação de todos os Irmãos presentes. A interação de um Trabalho Maçônico torna o Período de Instrução mais atraente e motivado. Não se deve preocupar com o tempo gasto em sua apresentação. Se um tema é bom, bem apresentado e discutido, os Irmãos não reparam o tempo despendido nele. Ao contrário, alguns Irmãos começam a bocejar, outros olham no relógio, outros se entreolham. Isto é, inequivocamente, um sintoma de que algo não vai bem.

Os trabalhos também podem ser motivados por ações fora do Templo. Palestras em escolas, em órgãos públicos, em outras Lojas, etc. A interação com outras Entidades Maçônicas ou Não Maçônicas eleva o cabedal de cultura e conhecimento dos Irmãos. Assim, se uma Loja possui um Irmão que seja especialista em algo, ele deve ser convidado para fazer palestras em outras Lojas, em entidades Não Maçônicas, como uma escola, um asilo, um órgão público, sempre em nome da Loja. E isto é recíproco. Irmãos de outras Lojas devem ser convidados para se apresentarem em nossa Loja e, caso não sejam Maçons, a Sessão pode ser encurtada e fechada, permanecendo todos os Irmãos em seus lugares, quando se dará entrada ao convidado Não Maçom para sua apresentação. Evidentemente nesta hora não será mais uma

Sessão Maçônica, sem qualquer liturgia, com os Irmãos à vontade, porém com o respeito que exige todo Templo.

A intervisitação, fundamento previsto em nossos "landmarks", concorre para a motivação de uma Loja Maçônica. Ao promover uma caravana para uma visita em uma Loja de outro Oriente, o Venerável Mestre estará trazendo algo novo e bom para sua Loja. A viagem é sempre agradável, fazem-se novos contatos, novas amizades e a Maçonaria se engrandece. Depois, a Loja visitante torna-se Loja visitada e a recepção dos visitantes que tão bem receberam aqueles Irmãos será muito bem retribuída. Isto é motivação.

Não defendemos a tese da mulher na Maçonaria. Mas nem por isto ela deve ser o "Clube do Bolinha". A participação de nossas famílias na Maçonaria deve se dar sempre que possível, a presença de nossos filhos e esposas é de muita importância para trazer motivação. Por exemplo, por que não se comemora o Dia das Mães dentro de nossos Templos, em uma Sessão Pública? Em nossos Rituais de Sessões Especiais temos um modelo para este tipo de Sessão. Algo novo, bonito, emocionante e que trará muito prestigio para os Irmãos da Loja. Neste mesmo Ritual de Sessões Especiais trazemos uma nova versão da antiga Confirmação Matrimonial, que ganhou agora o nome de Consagração Matrimonial. Ora, o casamento é confirmado por meio de um registro civil em cartório especializado, a Maçonaria não confirma nada. Porém ela pode consagrar o enlace, por meio de sua liturgia, invocando a presença do Grande Arquiteto do Universo, em uma Cerimônia das mais lindas de nossa Ordem. E isto não acontece só no enlace matrimonial, nossos Rituais de Sessões Especiais trazem a liturgia para Consagração Matrimonial de Bodas de Prata, de Ouro, de Diamante e outras datas comemorativas.

São apresentações belíssimas em que a Família Maçônica se encontra em nossos Templos e que sempre trazem prestígio para a Loja. O estímulo às Fraternidades Femininas também concorre decisivamente para a motivação de nossa Ordem. Costumo dizer que a Mulher para participar da Maçonaria não precisa estar dentro dela, de faixa e Avental. O trabalho da mulher na Maçonaria se dá por meio do incentivo às Fraternidades Femininas, que, em seu trabalho filantrópico, cultural e educacional, ajudam a promover a Maçonaria em todos os segmentos de sua comunidade.

Nossas comemorações homenageando nossas datas cívicas e Maçônicas devem ocorrer sempre em nossos Templos. O Dia do Aniversário de Fundação da Loja, o Dia da Pátria – Independência do Brasil, o Dia da Bandeira, o Dia da Libertação da Escravatura, o 21 de Abril, o Dia da República, o Dia de Finados, o Dia das Mães, como já citamos, o Dia do Maçom, o Dia do Aniversário de Fundação do Grande Oriente de Minas Gerais, que ocorre em 12 de setembro, as Festas de Natal e Ano Novo e assim por diante. Estas comemorações, Maçônicas ou não, sempre acompanhadas de uma boa palestra e de um bom protocolo, deixam rastros luminosos para a Loja e os Irmãos que a promovem.

Nossas leis preveem alguns títulos à Loja e a Irmãos de seu Quadro de Obreiros. Pouquíssimas Lojas Maçônicas solicitam estes títulos tanto para a Loja como para Irmãos merecedores. Esta é uma maneira de reconhecer o trabalho de alguns Irmãos e a entrega destes títulos pode e deve ser feita em uma Sessão Pública, para que a comunidade também reconheça o trabalho daquele Irmão, dentro e fora da Maçonaria. Estes títulos são requeridos ao Grande Oriente de Minas Gerais e, após aprovados pelo Ilustre Conselho

Geral, são enviados à Loja, às vezes até pessoalmente pelo Grão-Mestre ou pelo Grão-Mestre Adjunto, reconhecendo de uma maneira cordial e fraterna o trabalho de seus detentores. Vamos colocar em prática estes fundamentos.

A ação fora de nossos Templos, embora cuidadosa, deve ser praticada. Em algo institucional a Maçonaria pode e deve participar, como, por exemplo, uma campanha de ajuda a desabrigados e desalojados, uma campanha para a defesa do Planeta Terra, como fizemos em 2010, uma campanha para o estímulo à doação de órgãos, que promoveremos em 2012 e assim por diante. É a participação da Maçonaria em algo institucional, algo que fará bem para todos, de maneira geral. Quando dizemos que as ações fora de nossos templos devem ser cuidadosas, referimo-nos a ações que se polarizam, como, por exemplo, algo político partidário, ou sectarismo religioso. Algo que divida a população em simpatizantes e antipatizantes. Algo que tenha dois lados, onde alguns apoiam e outros reprovam. Nestes casos a Maçonaria não deve tomar parte. Em algo deste tipo, os Irmãos Maçons devem tomar parte, mas em seus nomes, aplicando o que foi aprendido em nossos Templos, nunca em nome da Maçonaria, pois seria uma exposição na qual se correria um risco desnecessário. A Maçonaria deve atuar na política, sim, mas de forma suprapartidária. As paixões políticas partidárias não devem ultrapassar os umbrais de nossos Templos.

Assim fazendo, meus caros Irmãos, nossa Ordem será outra. O êxodo de nossos Templos não se dará e, finalmente, além de cumprir nosso objetivo, teremos de volta o respeito e o apoio de toda a comunidade.

Motivar para Crescer e Conquistar

Irm∴ Geraldo Ribeiro da Fonseca
Or∴ Barbacena – MG

Não existem erros, apenas lições.

Crescimento é um processo de experimentação no qual as "falhas" são tanto parte do processo quanto os "sucessos".

Ante tão expressiva lição, reflitamos sobre dois dos vários desafios a serem enfrentados pela Maçonaria brasileira nos dias de hoje para que, no futuro, ela não venha a se tornar mero clube incorporado a um servilismo torpe travestido de caridade humana.

O primeiro deles prende-se à motivação individual para a busca do conhecimento; o segundo exige ação coletiva comprometida com as conquistas de ordem Social.

Na condição de Maçons não somos apenas membros de uma entidade que complementa suas atividades com Instruções Ritualísticas moldadas segundo tradições e leis.

Sabe-se que nossas Lojas Maçônicas são apenas divisões administrativas da entidade Maçonaria e que os diversos Ritos Maçônicos praticados pelas Lojas são caminhos que levam a um mesmo fim.

A entidade Maçonaria Universal é formada pelo que de mais caro se tem na face da terra: Homens Livres e de Bons Costumes, comprometidos com os valores Éticos e Morais cobrados pela sociedade. O patrimônio humano é, por assim dizer, âncora sustentadora de nossa Instituição reconhecida hoje, mais pelas conquistas do passado do que as do presente.

Somente através de ações motivadoras, centradas em exemplos práticos, aplicando o conteúdo das lições filosóficas de nossos manuais, seremos capazes de alcançar êxito, sedimentando a Ordem Maçônica como entidade respeitada e acatada.

Infeliz do Maçom que defende a tese de que quanto maior for o número de Lojas Maçônicas em uma cidade, maior será a conquista de espaço da Maçonaria. É sabido que quantidade não é qualidade e nosso objetivo, como Mestres construtores, é transformar a sociedade sem o alarde próprio dos néscios. Somos em potencial agentes multiplicadores.

Qual seria, pois, o primeiro passo a ser dado, visando que a motivação passe a ser a mola mestra impulsionando Lojas e Obreiros na busca de conquistas em constante caminhada e expectativas? Não podemos jamais acreditar que a Maçonaria já fez tudo o que podia ser feito em termos de avanços como libertadora de povos e nações. É de fundamental importância analisar o ambiente e o meio em que vive o homem de hoje para se preocupar com seus sentimentos, aspirações e sonhos de ser feliz.

A motivação em Loja deriva da capacidade de liderança de seus membros, ao definir objetivos claros e precisos, visando que a Oficina se torne operante não apenas para seus Obreiros, mas também para a comunidade. Daí dizer que hoje a Maçonaria tem de ser participativa e não apenas especulativa.

Assim é que um grupo de Irmãos motivados para qualquer empreendimento é capaz de engajar todos os Obreiros da Loja a uma causa, levando-os agir no sentido de que projetos bem pensados e elaborados se efetivem. De nada adianta o Venerável traçar metas, conduzir Sessões festivas, promover Iniciações, Elevações e Exaltações, se não tiver a seu lado Obreiros atuando em todos os campos e níveis, dentro e fora da Loja.

Um dos maiores obstáculos para o bom desenvolvimento de projetos Maçônicos ligados à comunidade e que exigem participação de formadores de opinião, como o são os Maçons, está no comportamento de alguns Irmãos que entendem tudo o que se fala ou se cobra como sendo indiretas, ofensas e críticas pessoais. Já vi Irmão afastar-se definitivamente da Ordem ao ouvir certo luminar da arrogância afirmar que "Maçonaria é pra Irmão, os de fora que resolvam seus problemas".

Sob essa ótica é necessário haver constante preocupação com Instruções motivadoras voltadas para temas da atualidade. De nada adianta ficar lendo Ritual, repetindo o que está escrito em manuais. É preciso descobrir a capacidade de cada Obreiro, vinculando sua formação cultural à sua formação profissional, buscando discutir, em Loja, assuntos ligados ao cotidiano. É típico da natureza humana interessar-se pelo que está na moda ou em evidência. Jamais devemos esquecer os fatos e grandes vultos maçônicos do passado, mas também é preciso viver o presente, orientar-se no pretérito e planejar o futuro.

Levar Aprendizes, Companheiros e Mestres a informar-se para aprimorar conhecimentos de todos os níveis, repassando informações com conteúdo crítico e sob a luz de nossa filosofia, é focar resultados compensadores.

Erradicar ou tentar minimizar ondas de pessimismo ligadas a atividades administrativas das Potências, preocupando-se mais com as questões internas da Oficina e dos Obreiros, é centralizar soluções dentro da própria casa. Se erros e falhas, tais como infrequência de Irmãos, atrasos de pagamentos, apatia e sono durante as Sessões são detectados, tudo leva a crer que a solução do problema está na Loja e cabe a ela encontrá-la.

Reduzir ou ampliar o denominado "quarto de hora de estudos" é ignorar que este tempo é regulamentado em quinze minutos e muitos Veneráveis chegam a cassar a palavra dos Irmãos, bastando lembrar a limitação desse tempo, ou sua ampliação conforme a conveniência do assunto apresentado.

Obreiro bem orientado limita sua fala e é objetivo, mas, quando o assunto é motivador, os Irmãos cobram dele mais tempo, ampliando espaço com perguntas. Obviamente, questionamentos e discussões devem ser apresentados na palavra a Bem da Ordem. Fique claro que todo e qualquer assunto a Bem da Ordem evidencia afinidade com discussão, logo é especulativo e próprio ao debate. Assunto do Quadro em particular é relativo à Loja e ao Obreiro, portanto meramente administrativo.

Facilitar a comunicação entre Irmãos e Loja, através de agendas escritas ou eletrônicas, possibilita que informações de todo nível se estabeleçam rapidamente, mantendo o Quadro de Obreiros motivado a atender a todo tipo de apelo. Existe

Irmão que reclama não ficar sabendo do churrasco de sábado e ser acordado de madrugada pelo secretário, informando a morte do decano da Loja. Irmão motivado para com seus deveres Maçônicos não tem dia, hora ou lugar. Estar sempre de pé e à Ordem tem que ser orientação impositiva e motivadora por parte do Venerável, dirigida ao Neófito cheio de esperanças e expectativas quando da Iniciação.

Identificar pontos de convergência entre as carências da comunidade e as condições do Quadro de Obreiros da Loja em assumir compromissos para com a sociedade é levar os Irmãos de Loja a praticar filantropia. Temos muitas Lojas que assumem compromissos além de suas possibilidades levadas pela insensatez de certos Veneráveis que querem aparecer, ou buscar apoio político visando a interesses pessoais, a esses o descrédito.

Combater sistematicamente a corrupção em todos os níveis e estar atento a tudo o que acontece na comunidade é fator motivador de qualquer Maçom a uma tomada de posição contra as drogas e crimes da internet, muitas vezes em apoio a Irmãos que escondem esses graves problemas enfrentados em casa. Nossos Irmãos delegados de polícia, Juízes de Direito e Membros do Ministério Público são cobrados, sem que nada possam fazer, além de cumprir a lei. Se solicitam a participação da Loja e Irmãos para certas campanhas, nem sempre são compreendidos a contento, chegando a ser criticados sem direito a ressalvas e justificativas.

Estabelecer parâmetros no combate a preconceitos ligados ao racismo, defendendo o consumidor, velhice e o menor abandonado atento a questões ligadas à liberdade sexual, que não podem e nem devem ser confundidas com liberalidades antiéticas, motiva o debate constante.

Promover em Loja, ou fora dela, concursos epistolares, redações em prosa ou verso, visando à elevação do nível de cultura, civismo e cidadania da criança, do jovem ou do adulto é motivador e o Maçom mantém viva a noção do Justo e do Perfeito.

Interagir no sentido de que as Cunhadas, Sobrinhos (as) e outros familiares estejam presentes a eventos onde se possa divulgar a presença da Maçonaria como entidade sustentadora de bons princípios motiva e dá prazer. A demonstração de que o pai e a mãe vivem em harmonia incentiva os filhos a seguirem seus exemplos. Hoje a união estável de um casal não pode ser empecilho a que o cidadão seja Maçom, pois o conceito de família constituída abrange a união estável entre um homem e uma mulher, independente do matrimônio. Mesmo assim ainda tem Loja e Maçom com este preconceito.

Garantir, por todos os meios, o estabelecimento e desenvolvimento de entidades Paramaçônicas, fundando e mantendo ativos Capítulos De Molay e Betéis das Filhas de Jó é garantir que nossos filhos sejam orientados sobre os perigos dos dias de hoje. Não existe fator maior de motivação do Maçom que o de ver o filho ou a filha recebendo apoio e orientação de seus pares.

A presença de Maçons, jovens De Molays e Filhas de Jó em eventos cívicos ou mesmo solenidades semanais nas escolas, hasteando o Pavilhão Nacional, cantando, ensinando e divulgando o Hino Nacional, Hino da Bandeira, Hino da Independência... robustece nossos princípios, interagindo com a sociedade.

Maçom desmotivado é Irmão perdido e fora de Loja. Um dos fatores sérios da perda de Obreiros é que muitos Iniciados, ainda jovens, acabam ficando desiludidos com a demora de suas Elevações e Exaltações. Urge que todas as Oficinas mantenham ativas e operantes as Escolinhas de Instrução semanal aos domingos, bem como as Lojas Filosóficas. É patético confirmar que os Supremos Conselhos congreguem grande maioria de Irmãos muito idosos, chegando alguns a ter dificuldades de audição ou mesmo de dirigir sessões. A esses o respeito, a consideração e o apreço, mas há um momento de se recolher e ceder lugar aos mais novos com disposição e motivação.

Um grande absurdo que vem sendo cometido é impedir o uso dos Aventais dos Graus Filosóficos quando das Iniciações. Posso afirmar que, ainda Aprendiz, vi pela primeira vez um Irmão ostentando o Avental do Grau 33 e, fascinado e motivado, passei a me dedicar cada dia mais aos estudos e ao ritualismo na certeza de que um dia ostentaria aquele Avental.

A entusiástica ação coletiva de todo o segmento Maçônico, sejam as Lojas bases, as Lojas Filosóficas, os Capítulos De Molay e a Ordem Internacional das Filhas de Jó (Betéis), demonstra hoje, na Pátria brasileira, a potencialidade dos Pedreiros Livres na edificação de Templos à Virtude.

Potencializar, perseverar, motivar...

Sabedoria, Força e Beleza...

Maçonaria e seus paradoxos...

Irm∴ Adalberto Rigueira Viana
Or∴ Viçosa – MG

O HOMEM DE PRETO

Durante mais de vinte anos, fizesse tempo bom ou chovesse torrencialmente, sempre na mesma hora, em todas as quintas-feiras, ficávamos curiosos ao ver aquele homem jovem vestido de preto subir aquela íngreme ladeira e, já, altas horas da noite, descê-la, silenciosamente...

Com o tempo, aquele moço transformou-se em adulto e já os cabelos começaram a se embranquecer como prova de que o tempo nada perdoa.

O terno preto, já bastante gasto pelo uso constante e por suas andanças junto ao seu fiel condutor, fazia conjunto com uma pasta de couro também preta, muito castigada e já sem brilho.

Ficávamos pensando... Quem era aquele homem? Onde iria ele todas as quintas-feiras no mesmo horário durante tantos anos? Por que adotara ele a roupa preta e não uma outra cor para o seu traje? O que poderia estar levando dentro daquela pasta preta?

Passamos então a observá-lo mais de perto. Procuramos saber onde morava, se era casado, se tinha filhos, qual a sua profissão e muitas outras coisas mais.

Era ele casado, sim, e bem casado. Tinha seis filhos, morava em uma casa comum, sem qualquer traço de ostentação, e ficamos sabendo que a sua profissão era a de pedreiro. Pedreiro conceituado que procurava erigir casas ou Templos nos mais variados tipos de construção e até nos mais requintados estilos arquitetônicos.

Era um homem de hábitos simples, pouco falava de sua vida e da dos seus amigos, mas mesmo assim ele possuía um grande número deles, independentemente da atividade profissional ou do nível social. Era uma pessoa querida, respeitada, admirada por todos que o conheciam e com ele conviviam e, principalmente, pela sua grande "família".

Quantas vezes vimo-lo saindo de um hospital onde sempre ia oferecer conforto e apoio espiritual àqueles que ali estavam em aflição, angustiados pela dor e pela incerteza do futuro que Deus estava lhes reservando...

Quantas vezes vimo-lo em velórios que aconteciam naquela pequena cidade, abraçando e confortando aqueles que, naqueles duros e inquestionáveis momentos, sentiam a dor da perda irreparável de um ente querido...

Quantas vezes vimo-lo amparando um velhinho, a cumprimentar com reverência e respeito uma idosa senhora e quantas vezes vimo-lo a aconselhar ou levantando homens embriagados, caídos e vencidos pelo vício, sem humilhá-los. Procurava dentro de sua simplicidade limpar-lhes as feridas e, com a sua palavra amiga, alertá-los para o perigo a que estavam se expondo agindo daquela maneira.

E ali ou lá mais adiante, aqui e acolá, estava aquele homem simples, de olhar sereno e gestos recatados. Era um homem caridoso, tolerante, que respeitava as limitações daqueles a quem outros muitas vezes condenavam, e tinha uma grande virtude, jamais ousava julgar os seus semelhantes e nunca ouvimo-lo falar mal de alguém...

Em todas as situações, fossem elas motivadas pela alegria ou pelo sofrimento, ele sempre aparecia no seu inseparável terno preto. A pasta, também bastante surrada, somente o acompanhava nas quintas-feiras e continuávamos não sabendo por quê...

Certa noite resolvemos segui-lo, à distância, para sanar aquela dúvida, para dissipar aquela curiosidade. Onde iria aquele homem naquele dia, naquele horário, e por que voltava também, quase sempre na mesma hora, sempre sozinho e silenciosamente?

Lá no alto, no meio de um pequeno quarteirão, uma grande casa tinha a sua luz acesa e vários homens estavam a ela chegando. Uns de carro, outros a pé como o nosso observado e seguido homem de preto. Chegando para mais perto daquela casa e, mesmo com a rua um pouco escura, pudemos perceber que todos aqueles que ali chegavam estavam também trajados de preto.

Uma coisa nos intrigou naquele momento. Conhecíamos vários deles... Negros, brancos, mulatos, loiros, pobres e ricos e, encostados a um canto, foi-nos dado ouvir sempre o mesmo diálogo entre eles... Como vai, meu Irmão, tudo Justo e Perfeito com você? A família vai bem? A Cunhada e os Sobrinhos como estão?

Não entendíamos nada e nem imaginávamos como era possível haver uma família tão grande e de gente tão diferente em quase todos os aspectos. Em determinado momento todos entraram naquela casa e o silêncio tomou conta daquela rua...

E antes de Irmos embora ficamos pensando... Afinal de contas o que seria aquela casa? O que aqueles homens poderiam estar fazendo ali e por que não se ouviam vozes ou não se percebia qualquer tipo de movimentação depois que a porta daquela casa se fechara?

Fomos embora ainda mais intrigados do que antes. Passou-se o tempo e num certo dia tivemos a oportunidade de conhecer aquela casa por dentro e de participar com aqueles homens de vários e dignificantes trabalhos. Só então ficamos sabendo que ali estava edificado um Templo Maçônico e que aqueles que ali sempre estavam eram verdadeiramente Irmãos em seus ideais.

Ali conhecemos de perto, e profundamente, aquele homem de preto que sempre passava no mesmo dia, na mesma hora, do mesmo jeito, aquele pedreiro dedicado. Tomamos conhecimento que ele era simplesmente aquele que dirigia as reuniões e era por todos venerado e respeitado.

Aquele homem de preto era MAÇOM, um verdadeiro e abnegado Maçom que tudo fazia para dignificar e engrandecer a Maçonaria... Um homem de fato e nunca somente um Maçom de direito... Aquele homem de preto era agora o meu Padrinho na Ordem. Fora ele que, com as suas atitudes, com os seus exemplos e com a sua humildade, fizera com que eu, que durante tantos anos tinha à minha frente apenas um facho de luz, pudesse merecer a oportunidade de ampliá-la, podendo ver assim através dos seus raios resplandecentes um horizonte maior, o horizonte da perfeição que todos os Homens Livres de Bons Costumes devem procurar atingir, embora sabendo ser quase impossível...

Hoje sabemos por que ele está sempre de terno preto, o que carrega em sua pasta castigada pelo tempo, aonde vai naquele dia e hora marcada e, principalmente, porque sempre volta para casa solitário e silenciosamente...

VOLTAS QUE O MUNDO DÁ

Certa tarde, como em muitas outras, passando pelo centro de uma grande cidade deparei-me com um senhor grisalho, sentado num canto de um edifício, com os cabelos desalinhados, barba maltratada, roupa surrada, além de suja, e com o olhar bastante triste. Movido pela solidariedade e, muito mais, pela curiosidade, cheguei-me para perto dele e perguntei-lhe se podíamos conversar um pouco sobre nossas vidas. Ele, prontamente, disse-me que sim e pediu-me que sentasse num velho tamborete que estava ao seu lado.

Sentei-me perto dele, fiz a minha apresentação e pedi-lhe que dissesse o seu nome. Ele disse-me chamar Hiram e que ali estava há bastante tempo, vivendo da caridade daqueles que por ali passavam todos os dias. Falava bem, com clareza e me despertava um grande carinho e afeição, parecendo que já nos conhecíamos durante longa data...

Sem que eu percebesse, deixei o meu cordão de ouro, com três Símbolos da Maçonaria à mostra, e percebi no olhar daquele agora amigo um brilho diferente e ele, discretamente, disse-me, "chegue-se um pouco mais para perto de mim, pois quero lhe fazer uma pergunta". Prontamente atendi a sua solicitação e ele, olhando para os lados, procurando não deixar qualquer sinal que pudesse traí-lo, baixinho e perto do meu ouvido direito, fez duas perguntas que me tocaram lá no recôndito mais profundo do meu coração. Perguntou-me primeiramente: "meu prezado interlocutor, Sois Maçom?". E em seguida, sem que eu pudesse responder-lhe esta pergunta, quis saber, questionando-me assim: "de onde vindes?".

Fiquei perplexo e, como de praxe, dei-lhe as duas

respostas da forma com que me ensinaram um dia e fiquei aguardando a sua reação. Ele disse-me então: "meu Irmão, é uma pena que eu não possa dizer-lhe a mesma coisa, pois tenho certeza absoluta que os meus Irmãos, hoje, como tal já não me reconhecem mais. Mas vou dar-lhe as devidas explicações para que não pense que sou um homem que carrega qualquer tipo de mágoa deles ou que tenha no coração qualquer resquício de ódio".

Atento ao que me dissera até aquele momento e, além de surpreso, condoído pela situação a que o destino se incumbiu de me apresentá-lo naquele dia, aproximei-me um pouco mais dele e lhe disse: "por favor, meu Irmão, pode desabafar, pode desnudar a sua alma e deixar aflorar todos os seus mais íntimos sentimentos, ok?".

E ele então, um pouco mais à vontade, começou dizendo-me que fora um homem rico, bem casado com uma mulher maravilhosa, que era chamada de Cunhada por todos os Irmãos e pai de um casal lindo de filhos, chamados de Sobrinhos, mas que, devido às más companhias, ele não teve a devida força para afastar-se das águas malcheirosas do submundo, deixando-se levar pela bebida descontrolada, pela frequência em ambientes que o convidavam ao desregramento, pelo capricho das mulheres que queriam, apenas, com ele se distrair e aproveitar de alguns momentos fugazes, que inevitavelmente o levavam cada vez para a senda da mais profunda degradação humana, moral e espiritual.

Lembrou-se de dizer que um dos seus maiores arrependimentos era, por sua própria fraqueza, não ter respeitado aquele par de Luvas Brancas que recebera no dia da sua Iniciação quando lhe disseram: "Essas Luvas são o Símbolo da vossa admissão no Templo da Virtude e indicam, pela sua brancura, que nunca deveis manchá-las, introduzindo as vossas mãos nas águas lodosas do vício" e, principalmente, por ter traído a confiança daqueles que na Maçonaria o receberam sempre de braços abertos e de forma sempre calorosa e contagiante. Recordou-se dizendo que, por várias vezes, fora alertado por diversos Irmãos e que tivera inúmeras oportunidades de não ser expulso, até que um dia, ele mesmo, por vergonha, e muito mais por respeito àquela Ordem tão fraterna e sem defeitos, criou coragem e nunca mais entrou num Templo Maçônico, que ele sempre considerou como um lugar Justo e Perfeito.

Eu ali, absorto a tudo, ouvia sem nada dizer, permitindo que ele deixasse registrado todos os seus mais sinceros relatos e, em alguns momentos, mirando os seus olhos, percebi que eles estavam umedecidos por algumas lágrimas que ele fazia força para não deixar cair em profusão. Disse-me que não sabia para onde fora a sua mulher, os seus filhos, se estavam casados, se tinha netos ou não, enfim, que perdera infelizmente todo e qualquer contato com aqueles a quem um dia amou desesperadamente e que, por sua própria culpa, deixou voarem para lugar incerto e distante.

Sabia e tinha plena convicção e certeza, de que aquela perda era inexorável, irrecuperável e que só era possível recordá-la pela força do pensamento, a única forma de se poder viver, sonhar, somente por meio das lembranças que lhe restaram. Uma coisa que ele disse-me doer de forma bastante penetrante em seu ser era ver alguns Irmãos com os quais convivera durante muitos anos, de forma aconchegante e fraterna, passarem por aquele lugar e lhe virarem os rostos, o que para ele representava a forma mais cruel de punição, pelo desprezo. Com tristeza lembrou-se que, hoje, o rol de amigos é composto dos vários irmãos das ruas que o destino impiedoso se incumbiu de colocar no seu caminho.

Ele, várias vezes, afirmou que tinha noção da dimensão do seu erro, do quanto magoou aqueles que nele confiaram e acreditaram, não se esquecendo nunca dos Juramentos que prestara solenemente com a mão direita sobre o Livro da Lei e que, aos olhos de Deus, foi perjuro, traindo-o covardemente. Passou como um filme pela sua cabeça aquela parte do Cerimonial da Taça Sagrada que ele repetiu assim, para mim: "Senhor, não quero crer que tenhais o desígnio de enganar-nos, entretanto, ainda podeis retirar-vos, se assim o quiserdes. Bebestes da Taça Sagrada, ou antes, da taça da boa ou má sorte, que é a taça da vida humana. Consentimos que provásseis da doçura da bebida e, ao mesmo tempo, fostes solicitado a esgotar o amargo dos seus restos. Isto vos lembrará que o homem sábio e justo deve gozar os prazeres da vida com moderação".

Com lucidez impressionante lembrou-se que em determinada reunião lhe perguntaram o que ele vira quando lhe tiraram a venda no dia da sua Iniciação. E que ele respondera que visualizara o Livro da Lei, o Esquadro e o Compasso, as Luzes da Maçonaria Universal. Contou que vira também todos os irmãos armados de espadas, cujas pontas estavam voltadas para ele, e que lhe perguntaram também, para quê, meu Irmão? Como resposta ele disse que era para mostrarem a ele que estariam prontos a derramar seu sangue em seu favor, sendo ele fiel aos juramentos prestados, bem como a punirem-no, se ele fosse tão indigno que perjurasse. E ele ferira tudo isso.

Inteligentemente, ele fez uma longa pausa e ficou olhando-me de frente, bem dentro dos meus olhos, para em seguida dizer-

-me: "como pude esquecer-me de tão profundos ensinamentos, de ter jogado no lixo a maior oportunidade que recebi da vida e como pude também deixar-me fazer parte de um grupo de fracos que eram para muitos considerados seres desprezíveis, verdadeiras escórias humanas? No entanto, meu Irmão, ainda acredito no Grande Arquiteto do Universo e, mesmo na situação em que me encontro, como um mendigo a pedir o sustento diário de mãos caridosas, ainda tenho força suficiente para dizer-lhe que não sei quando, mas que prometo-lhe também solenemente, que um dia voltarei, não para a Maçonaria, mas para conviver com pessoas decentes e que voltem a respeitar-me como sempre penso que mereço ser respeitado, embora tendo incontáveis tipos de defeitos e imperfeições".

Como o tempo passara sem que eu percebesse, envolvido por tão tocantes palavras proferidas por aquele Irmão que, como tantos outros, está pagando pela falta de discernimento, de tranquilidade, de confiança em Deus e de força interior para superar os seus problemas, apertei-lhe a mão manifestando a minha gratidão pela lição de vida que ele me proporcionara durante parte daquela tarde-noite. E ele, ainda com os olhos rasos d'água, mas olhando fixamente para mim, disse-me: "obrigado, meu Irmão, por não ter virado o rosto para o outro lado, pela Paciência e pela Tolerância em ter-me ouvido com tanto respeito e com tanta atenção... Vá com o Grande Arquiteto do Universo e que ELE proteja você, a sua família e todos os nossos Irmãos de ideal Maçônico. Para você um Tríplice e Fraternal Abraço".

Levantei-me daquele tosco tamborete, respirei profundamente, passei a mão pelo pescoço para diminuir a pressão que na minha garganta se instalara e disse-lhe que outras vezes eu ali passaria ou, se ele quisesse ir até a minha casa, eu o buscaria quando assim o desejasse, para conversarmos um pouco mais. Apertei-lhe os ombros e dali saí sem olhar para trás, quase chorando, saí dali com uma vontade que nunca senti, de chegar o mais rapidamente possível em casa, para abraçar e beijar a minha mulher, os meus filhos e o meu neto.

À noite, quando todos dormiam, eu, dirigindo-me a um oratório que tenho em casa, pedi a Deus que protegesse aquele infeliz Irmão e agradeci por ELE sempre estar me protegendo contra as mazelas e contra as duras – e difíceis de serem recuperadas – voltas que o mundo dá. Orei também por todos os Irmãos que lutam para honrar os compromissos assumidos em Loja, ultrapassando, cada um a seu modo, os problemas e as dificuldades que lhes vão diuturnamente surgindo. Rezando o Pai-Nosso, ao final da oração, pedi-lhe contrito: não nos deixeis cair em tentação, livrai-nos sempre do mal. Amém. E fui dormir, em paz com a minha consciência...

No outro dia, bem cedinho, ainda com a imagem do meu Irmão "mendigo" mas sábio, na cabeça, voltando os olhos para o céu, agradeci e pedi a Deus para que eu nunca dê motivo para que qualquer dos meus Irmãos vire o rosto contra mim, e que nunca permita o mesmo que fizeram aqueles Irmãos, quando ele mais precisava do apoio e da mão amiga para ampará-lo naquele duro e constrangedor momento de sua vida... Nesta vida que, implacavelmente, reserva a todos, momentos os mais diferentes possíveis, cabe a cada um de nós, com sapiência e discernimento, escolher o melhor caminho a ser seguido, para evitar cenas como essa que, com muito pesar, acabamos de relatar.

Notas Avulsas

Comentários ao Ritual de Aprendiz Maçom da Maçonaria Feminina do R.·. E.·. A.·. A.·. para a República Federativa do Brasil

Irm.·. Luiz Gonzaga da Rocha
Or.·. Sobradinho – DF

REFERÊNCIAS

Notas Avulsas são registros reunidos a partir da leitura do Ritual de Aprendiz Maçom da Maçonaria Feminina do R.·. E.·. A.·. A.·. adotado pelas Lojas Azuis da Maçonaria Feminina. São, por assim dizer, breves passagens, selecionadas e extraídas do Ritual da Grande Loja Feminina da Maçonaria Brasileira – Rito Feminino – sob os auspícios das Lojas Azuis da Maçonaria Feminina de Cuiabá – MT, com apoio nas obras de Octaviano de Menezes Bastos[1] e Valton Sergio Von Tempski-Silka[2].

---

[1] BASTOS, Octaviano de Menezes. *Pequena Enciclopédia Maçônica*, 1° vol. 2ª ed. ilust. São Paulo: O Malhete, 1952.

[2] TEMPSKI-SILKA, Valton Sergio Von, *Historial da Franco Maçonaria*, 1ª ed., 9ª Reimp., ilust., Curitiba: Juruá, 2011

PROBLEMÁTICA

A rigor, gostaria que este trabalho pudesse ter sido nominado de *Notas Avulsas sobre o Ritual de Aprendiz Maçom da Maçonaria Feminina do R.·. E.·. A.·. A.·. para a República Federativa do Brasil*, em lugar de *Notas Avulsas* simplesmente. Contudo, a adoção do título abreviado, tal como se encontra, tem a sua razão de ser: não chamar demasiado atenção sobre o tema e, assim, evitar ferir susceptibilidades.

Avalio que, por curiosidade, e atendendo a mera bisbilhotice pessoal, fui impulsionado a escrever estas *Notas*, embora me quede convencido de que muitos outros Ilrm.·. alimentem curiosidade em saber como se processa o Ritual Maçônico em uma Loja Feminina, talvez, até passando ao largo de querer saber o que justifica a Iniciação da mulher na Maçonaria; o que elas buscam e como se comportam da Iniciação ao Grão-Mestrado; e, ou mesmo, da ideia da correlação que possa ser estabelecida em face da Maçonaria masculina.

Tratamos aqui de analisar o Ritual da Grande Loja Feminina da Maçonaria Brasileira, comparar e explicar seu desenvolvimento, a fim de compreender e expor por que os *pais* da Maçonaria Moderna excluíram a mulher da sociedade ao impedirem a sua Iniciação Simbólica e Ritualística.

PONTOS ESSENCIAIS

Os pontos essenciais estão ajustados em três tópicos: Historial da Maçonaria Feminina; O Ritual do Grau de Aprendiz Maçom; e Considerações Finais.

A proposta é apresentar os pontos essenciais de cada

uma das partes, em linguagem coloquial e sem a preocupação de aprofundamento.

Na parte primeira apresentamos breves notas sobre as origens da Maçonaria Feminina. Avaliamos a autenticidade do Ritual, seu preâmbulo, o plano do templo e do Teto da Loja, os títulos e tratamentos, a indumentária, as insígnias e Joias, o Painel da Loja, a Ordem dos Trabalhos, o Trolhamento, a Circulação no interior do Templo, aspectos da Cadeia de União, da questão do sigilo e a Ordem dos Trabalhos.

E, ainda, procuramos analisar os aspectos envolvendo a preparação da candidata e outros aspectos específicos e pertinentes do Ritual de Iniciação: orações, Juramento, viagens, Palavras de Passe, Toques e Sinais. Por fim, a nossa atenção centralizou-se em acentuar os aspectos da Instrução Maçônica ministrada aos Aprendizes das Lojas Femininas. E, por fim, nas Considerações, seguem-se os comentários, observações e considerações julgados pertinentes ao conjunto do Ritual do Primeiro Grau da Grande Loja Feminina da Maçonaria Brasileira.

I – HISTORIAL DA MAÇONARIA

Octaviano de Menezes Bastos 33∴ historiou que, em 1739, a Maçonaria chamada de *Adoção* começou a bosquejar-se na França, com a fundação da Ordem da Fidelidade, que admitia mulheres em suas reuniões. Dois anos mais tarde surgiu a *Ordem dos Cavaleiros e Heroínas da Âncora, dos Cavaleiros e Ninfas da Rosa*, que não permitiam as mulheres como membros regulares, mas lhes comunicavam Sinais de reconhecimento e toleravam a sua presença em certas Cerimônias (BASTOS, 1952:352).

Outras ordens vieram depois, como a de *Moysés ou Mopses*, fundada (1738-1739) por alguns Maçons alemães, presidida por Wilhelmine d'Anspach e Byreuth (irmã de Frederico II), e a dos *Rachadores ou Lenhadores*, em 1747. Esta associação tomou suas principais Cerimônias dos *Carbonários* que, na época, existiam na Itália. O lugar de reuniões dos *Rachadores* chamava-se *Corte Florestal* (*Cour à Bois*), o oficial presidente tinha o título de "*Pai Mestre*", os membros masculinos e femininos se chamavam "*Primos*" e "*Primas*". Esta sociedade foi extremamente popular e as damas e senhoras da França nela se fizeram receber.

O sucesso das associações mistas e femininas ocasionou a fundação de similares, e, entre elas, a *Ordem do Machado* e a *Ordem da Felicidade*, as quais, se aproveitando da galantaria que com as senhoras se usavam, combateram fortemente o exclusivismo da *Francomaçonaria.* O Gr∴ Or∴ da França, verificando que essas sociedades contavam com inúmeros prosélitos e que podiam prejudicar de algum modo o fim altamente moral a que se propõe a *Francomaçonaria* masculina, criou um novo Rito (1774), chamado de *Rito de Adopção;* estabeleceu regras e leis para seu funcionamento; prescrevendo que os *Francomaçons* poderiam concorrer às suas reuniões e que cada *Loja de Adoção* estivesse a Cargo, sob a sanção e garantia de uma Loja Maçônica regularmente constituída.

O registro histórico aponta que em 1762, em Paris, foi criada a Loja-Mãe da *Maçonaria de Adoção Egípcia*, da qual era presidente Lorenza ou Francisca Feliciani, esposa de Alessandro, Conde Cagliostro. Este Rito durou pouco e logo caiu no descrédito devido às imposturas do seu fundador, mas chegou a ter adeptos fervorosos como a Condessa de Brienne,

Charlote de Polignat, Mme. de Genlis, Mme. de Bréhart, e outras. Entretanto, não se extinguiu.

Das outras espécies de *Francomaçonaria*, onde se admitem mulheres, uma delas é a *Ordem Maçônica Mista Internacional Direito Humano*, mais conhecida por "*Le Droit Humain*" – *O Direito Humano* – fundada pelo Irm∴ Georges Martin e sua esposa, em 4 de abril de 1893, estando, inclusive, presente em muitos países atualmente. Esta Ordem é a única constituída de modo verdadeiramente internacional com um só Supremo Conselho para o Mundo inteiro.

Da França, as *Lojas de Adoção* se estenderam por toda a Europa, não tardando em chegar às Américas. Na América do Norte a Maçonaria de Adoção é bastante acatada, em que pese algumas informações em contrário. No Brasil, a Ordem possui Oficinas e se acha em relação com a Maçonaria Teosófica. As Lojas Femininas prosperam, mas o Grande Oriente, as Grandes Lojas e os Supremos Conselhos não permitem a Instalação de Oficinas de Adoção ou Feminina, o que não impediu que fosse criado o Rito Feminino e as Lojas Femininas no Brasil sob a égide da Grande Loja Feminina da Maçonaria Brasileira e do Grande Oriente Feminino. No Distrito Federal temos notícia da existência de Lojas Femininas e Lojas Mistas funcionando semanalmente.

Nota curiosa é que a Maçonaria de Adoção não conseguiu se estabelecer na Inglaterra. Segundo Alec Mellor,

> *na Inglaterra nunca houve Lojas de Adoção, mas em momento algum a Grande Loja da Inglaterra (a dos Antigos bem como a dos Modernos) ergueu contra ela ou contra o sistema francês o menor protesto em nome da Regularidade, e esta constatação continua sendo de suma*

> *importância, ultrapassando o interesse apenas histórico. Esse é um precedente ao qual poder-se-á recorrer no futuro* (MELLOR, 1989:108).

À guisa de conclusão, importa assinalar que a cooperação da mulher nos Trabalhos Maçônicos tem sido cogitada desde longo tempo nas Lojas masculinas dos diversos países. No Distrito Federal funciona, sob a égide do Grande Oriente do Brasil, a *"Fraternidade Feminina Cruzeiro do Sul"*, cuja Presidente, nossa amiga Maria do Carmo, presta relevante serviços à causa que abraça, um exemplo da pujança feminina no auxílio à atuação maçônica masculina.

II – DO RITUAL DO GRAU DE APRENDIZ MAÇOM

Preâmbulo. O ritual de que dispomos é autêntico e encontra-se subscrito pelo Gr∴ Secr∴ RRel∴ Int∴ da Grande Loja Feminina da Maçonaria Brasileira, embora não registre o nome da Irm∴ e Loj∴ a que foi destinado. Segundo consta, o Ritual do R∴ E∴ A∴ A∴ foi traduzido, compilado e adaptado do Ritual Oficial da G∴ L∴ F∴ DD∴ DD∴ EE∴ F∴, sendo o mesmo usado desde sua centenária fundação.

Sob o título de preâmbulo da Maçonaria, sobressai que a informação de que é "para ser lido e explicado em Loja frequentemente" e, como qualquer Ritual masculino das Grandes Lojas e/ou dos Grandes Orientes, apresenta o conjunto de informações básicas, sendo exceção a apresentação dos Landmarks da Maçonaria Regular Feminina, uma versão adaptada dos Landmarks das Ordens Masculinas. Ou seja, Landmarks próprios integrados ao exemplar do Ritual.

O **Plano do Templo** em nada diferiria das Lojas

Masculinas se não fosse a existência, do lado esquerdo do Altar da 1ª Vigilante, próximo à parede, do Altar das Abluções, onde descansa o Mar de Bronze, e a estátua de Hércules (Força); à direita do Altar da 2ª Vigilante, encontra-se a estátua de Vênus (Beleza), simbolismo que raramente se vislumbra nos Rituais masculinos. A decoração do Templo é em azul celeste. O Plano do Teto e o Pavimento de Mosaico não apresentam alterações.

No **Ritual**, todas as referências aos termos "homem" e "Irmão" foram substituídos por "mulher" e "Irmã". Os nomes e Cargos, bem como os substantivos, adjetivos e sufixos masculinos, quando possível, passaram para o feminino. Quanto aos títulos e formas de tratamentos, a presidente da Loja tem o tratamento de "Venerável Mestra" e as demais autoridades são, indistintamente, tratadas como "Irmãs".

A **indumentária** é padronizada, assim, em todas as Sessões, independente de Grau em que se realizar, é obrigatório o uso do Traje regular consagrado pela Grande Loja Feminina da Maçonaria Brasileira, que consiste de calça comprida de cor preta em modelo social, camisa preta de mangas longas e blazer feminino preto de modelo tradicional, sapatos fechados pretos e meias pretas. Sendo terminantemente proibido aceitar em qualquer Sessão Ritualística a entrada de Irmãs de camiseta, tênis, ou quaisquer outras roupas que não sejam regulamentadas no Ritual, independente do Grau, Cargo ou patente que possuam. Para visitantes do sexo masculino é obrigatório o uso de terno preto, sapatos, meias e gravata pretas e camisa branca.

As **insígnias e Joias**, o Painel da Loja, a Ordem dos Trabalhos, o Trolhamento e a entrada e saída do Templo, em nada diferem dos Rituais das Lojas masculinas. Quanto ao Avental há uma nota da qual nunca, em trinta e três anos de Maçonaria, ouvi falar, e ainda nos ferem os brios, vejam:

> *Todos os Aventais independentes de Grau são presos à cintura por um nó, que simboliza os nós da Corda de 81 Nós e a União de todas as Irmãs do Universo, por motivo de ignorância ou falta de cultura em algumas Potências este poderosíssimo Símbolo emblemático está caindo em desuso, mas na Maçonaria Feminina todas as tradições são mantidas pelo respeito à Simbologia Maçônica Universal.*

A **Circulação no interior do Templo** apresenta pequena modificação, por ser obrigatoriamente em sentido *destrocêntrico*, ou seja, conservando o lado direito do corpo voltado para o centro do Templo.

Na formação da **Cadeia de União,** observa-se o mesmo regramento do Rito masculino, tendo como única alteração por nós registrada: o fato de que, após a confirmação de que a palavra esteja correta, as Irmãs, *elevando e abaixando os braços, exclamarão três vezes: Saúde! Sabedoria! Segurança!*

A **observância do sigilo** é norma expressa e rigorosa. O sigilo acerca dos procedimentos Rituais e quando ocorre nos Templos, ou entre Irmãs, constitui o primeiro dever da Maçom, renovado em solene compromisso que se faz ratificar ao final das reuniões. Assim, nenhuma Irmã pode tratar de assuntos maçônicos fora do Templo ou do edifício da Loja, a não ser que esteja em recinto ou lugar onde absolutamente não possa ser ouvida por Profanos. Com estes, de modo algum é permitido conversar sobre qualquer ponto relacionado à Instituição; tampouco a Obreira de uma Loja pode revelar às de outras Lojas a matéria discutida em sua Oficina que, se tiver de ser comunicada, sê-lo-á por intermédio da Venerável ou da Secretária, se autorizadas a fazê-lo.

A Iniciação. Não sei se o leitor percebeu, mas fica aqui o registro. As Lojas exclusivamente Femininas no Brasil e no Mundo adotam os Ritos da Maçonaria Masculina. E, de modo geral, as alterações no Ritual são raríssimas e, em sua maioria, quando existem, são adaptações para atendimento de situações específicas, não caracterizando mudanças essenciais.

E, para não dizer que tudo é igual, anotamos alguns pontos diferentes.

(1) O Ritual em nenhum momento deixa claro se as Candidatas têm o ombro e braço esquerdo desnudos. Dizem apenas que a Candidata deverá estar vestida, como de costume, e descalça, sem metais ou qualquer outro objeto;

(2) No questionário preenchido na cena da Câmara de Reflexões, além das questões tradicionais, há mais uma pergunta: "*O que de bom e significativo que fizestes para a humanidade que possa deixar como marca de vossa passagem pela Terra?*";

(3) As perguntas e respostas durante todo o Cerimonial de Iniciação são nominais, tipo: "*consentis em prestar esse Juramento, Profana "A", Profana "B" e Profana "C"*;

(4) Depois do ingresso no Templo e antes da Tradicional Oração, as Candidatas são conduzidas pela Irm∴ Exp∴ e seus guias, para uma viagem fora do Templo, após o que são reconduzidas ao Altar para participar da Oração tradicional;

(5) Durante a Cerimônia das Luvas, apenas um par de

Luvas é entregue à Neófita, com as recomendações de sempre. Ou seja, não existe o segundo par de Luvas.

Quanto aos demais aspectos específicos e pertinentes do Ritual de Iniciação: **Orações, Juramento, Viagens, Palavras de Passe, Toques e Sinais**. Tudo o mais é igual aos Rituais das Lojas Masculinas, inclusive as Instruções Complementares.

As Instruções. De acordo com o Ritual da Grande Loja Feminina da Maçonaria Brasileira, os complementos à Iniciação são ministrados na primeira Sessão após a Iniciação, o que nos parece deveras acertado e de acordo com a melhor prática Ritualística.

Em verdade, nesta parte penúltima, nos propomos considerar as Instruções Maçônicas do Rito Feminino e para nossa surpresa não nos deparamos com novidades significativas. De modo que nos cabe suportar o argumento de que as Maçons podem se considerar melhor e mais bens instruídas do que muitos Maçons que adentrarem hoje nas Ordens masculinas.

Para melhor entender este argumento, situemo-nos dentro da Instrução Maçônica dos nossos atuais Rituais. Para nós, três Instruções. Para elas, cinco. Para nós, as Instruções mostram-se simplificadas ao extremo. Para elas, são Instruções completas e ricas em detalhes. Para ilustrar, tomemos como exemplo o significado dos três pontos (∴) que se opõem ao nome e assinatura. Para elas há, no Ritual, explicações, para os Maçons Iniciados hoje e amanhã, não.

Não nos alongaremos mais. O extravasamento das ideias já ocorreu. Agora, a cada leitor a palavra, a sua palavra. Antes das considerações finais, só queremos externar o entendimento de que o Ritual, na verdade, é um simples guia para que os oficiantes executem o cerimonial dentro da sequência estabelecida. O importante é que neles a Doutrina Maçônica não sofra alterações. A tarefa de transmitir informações precisas poderá ser desenvolvida por etapas e buscada em outras fontes. Aprender é um ato solitário.

III – CONSIDERAÇÕES FINAIS

Defendi e defendo que a Maçonaria, conceitualmente, é um Centro de União dos Maçons. Pois bem, partindo desse entendimento, ouso dizer que o mesmo vale para todas as Lojas, Ritos e Maçons, indistintamente, sem preconceitos de raça, sexo, cor, Grau de Instrução e posição econômica/social.

Entendo que a questão da regularidade maçônica que passa pela questão dos *reconhecimentos* tem nuances próprias e de difícil remoção. Não vou entrar em detalhes, exceto para dizer que a Maçonaria atual segue uma das duas correntes principais: a vertente liderada pelo Grande Oriente da França ou a vertente liderada pela Grande Loja Unida da Inglaterra, e em uma delas se inserem as Lojas Femininas e as Lojas de Adoção, ou Lojas Mistas.

Reconheço que a Grande Loja Unida da Inglaterra, em 1929, estabeleceu critérios vigentes na atualidade e que não existiam antes, dentre os quais a de que os francomaçons no âmbito de sua Jurisdição deverão ser exclusivamente homens, e tanto elas como suas Lojas não poderão ter contatos maçônicos com Lojas que admitam mulheres. De igual modo, não posso alegar desconhecimento que a proibição de ingresso de mulheres na Maçonaria Regular foi introduzida por James

Anderson no artigo 18 de sua Constituição de 1723. E daí advém a pergunta: e antes de 1723 e 1929, admitiam-se mulheres na Maçonaria? A resposta há que ser um sonoro não.

Na Constituição de Anderson de 1735 resta estabelecido que "*nenhuma mulher*" pode ingressar na Maçonaria, entrementes, as *Old Charges* e outros documentos que vieram suportar os *Landmarks* e a Constituição de Anderson não previam a exclusão das mulheres, por ser óbvio, o *status quo*, o papel e/ou função social da mulher não a habilitava a participar da estrutura maçônica.

Portanto, falar da exclusão das mulheres da Maçonaria é impróprio, pois, *tradicionalmente, a mulher não está excluída da Ordem, porém é considerada incapaz para participar, e essa inaptidão é um Landmark* (MELLOR, 1989:105). Falar da inclusão das mulheres nas Lojas masculinas que seguem a orientação da Grande Loja Unida da Inglaterra é tema impróprio. Falar da exclusão das mulheres das Lojas de Adoção (mistas) e das Lojas Femininas sob os auspícios do Grande Oriente de França é igualmente impróprio, assim como é impróprio falar da inclusão de homens nas Lojas femininas. A questão agora é revelar quem torna irregular quem?

Vejamos então. As Lojas Femininas e as Lojas Mistas (Adoção) existem, são regulares e reconhecidas pelo Grande Oriente da França. Adotam a mesma ritualística das Lojas masculinas e consideram as mesmas concepções metafísicas e têm como lema: Liberdade, Igualdade e Fraternidade. Isto não faz das Lojas Mistas e Femininas Lojas Regulares? A ideia de regularidade não é pertencer o Maçom a uma Loja Regular?

O Grande Oriente da França nasceu tecnicamente em 1738 (legalizado em 1773). A Grande Loja Unida da

Inglaterra nasceu e foi regularizada em 1813. Tecnicamente, o Grande Oriente da França apresenta em sua Certidão de Nascimento 65 anos e na sua Certidão de Regularidade, 40 anos a mais do que consta na Certidão de Nascimento e Regularidade da Grande Loja Unida da Inglaterra.

Na França, por exemplo, copilando Tempski-Silka (2011:133), diversas Obediências tomaram corpo e continuam existindo: Grande Oriente da França (1773); Grande Loja da França (1728 e reconstituída em 1896); O Direito Humano (1893); Grande Loja Feminina da França (começo do século XX?); Grande Loja Tradicional e Simbólica (1958); Grande Loja Nacional Francesa (1969); Grande Loja Mista Universal (1973); Ordem Iniciática e Tradicional da Arte Real (1974); Grande Loja Independente e Soberana dos Ritos Unidos (1975) e a Grande Loja Mista da França (1982). E no Brasil? Engana-se quem pensa que só exista o Grande Oriente do Brasil, as Grande Lojas Maçônicas do Brasil e o Grande Oriente Independente do Brasil.

E, para concluir. Importa destacar que vivemos realidade diferente da dos séculos XIX, XVIII e antecedente, e que a condição social da mulher evoluiu para a igualdade e liberdade de direitos, equiparando-se aos homens em todos os aspectos, superando a inaptidão para diversas atividades. Quem não imaginava no século XVIII, por exemplo, a mulher engenheira; arquiteta; médica; professora; advogada; piloto de aeronaves e de naves espaciais; a mulher parlamentar e a mulher dirigente de Estados Nacionais não poderiam mesmo ser concebidas como Maçom. Não há o que lamentar, mas há muito com que se preocupar para um futuro mais longínquo.

Da nossa parte é só. Com a palavra, mais uma vez, o Irmão.

O meu muito obrigado.

Novas Formas de Motivação Instrucional Maçônica

Irm∴ Renato Gabriel
Or∴ Juiz de Fora – MG

"O Homem vulgar envelhece com o desfiar dos dias e o amontoar dos anos; o Espírito Superior, porém, indiferente ao escoar inexorável do tempo, só se sente envelhecer com a perda dos seus ideais, com o aniquilamento das suas ilusões e com abandono dos seus sonhos."

Irmão Armando Righeto

No ano passado, no XVII Encontro em Foz do Iguaçu, estivemos falando sobre Planejamento Estratégico para Reuniões Maçônicas, preocupados com a crescente evasão de Obreiros que vem ocorrendo na Maçonaria Mundial e, portanto, na necessidade de planejarmos boas reuniões para motivação dos Obreiros.

Eu disse, naquela ocasião, que isto nos fez pensar em novas formas ou atualização de antigas formas de *motivação* para o Maçom permanecer nas lides maçônicas e se manter *comprometido* com o funcionamento da Loja e das Instituições Maçônicas.

Destacamos que não podemos mais considerar aceitável

apenas o *envolvimento* do Obreiro, mas sim o seu *comprometimento.*

Hoje, focamos como outro fator motivacional a boa, organizada e bem preparada Instrução Maçônica.

Nossa sugestão é no sentido de se usar a criatividade na preparação e organização das Instruções de modo a motivarmos os novos Maçons para que eles se comprometam com sua Loja e com os princípios da Maçonaria e, portanto, com os resultados obtidos por estas Instituições no seu Planejamento Estratégico.

Devo relembrar que falamos de planejamento e não de simples calendários de reuniões com assuntos da Ordem do Dia citados de maneira genérica.

Nós nos referimos a um planejamento detalhado que possa servir de motivação para a frequência dos Obreiros nas reuniões; referimos a um planejamento cultural/motivacional para todas as reuniões da Loja, de modo que os Obreiros saiam das reuniões achando que **"valeu a pena ter vindo à reunião"**.

Para atingirmos os objetivos previstos no "Planejamento: Estratégico" alguns itens são muito importantes no Instrucional Maçônico:

1) INSTRUÇÕES DE GRAU

Além das Instruções Dialogadas, constantes nos Rituais e outros livros instrucionais, pode-se utilizar dos seguintes métodos complementares:

A – Leitura do Ritual com explicações passo a passo do significado e o que representa a frase ou palavra e o motivo pelo qual os ritualistas, autores daquele Ritual, inseriram aquele texto ou palavra e qual a sua origem. Isto pode ser feito tanto para os Diálogos Ritualísticos como para a Liturgia.

Com certeza, isso vai gerar muito conhecimento e muita curiosidade para aprender e até discutir outros significados e interpretações, que poderão levar a debates muito instrutivos.

B – Instrução prática – executando de maneira real e prática todos os pontos importantes do Ritual.

2) INSTRUÇÕES CULTURAIS

Estas Instruções devem abranger a história e a filosofia empregada pela Maçonaria.

Achamos muito importante que ***despertemos a CURIOSIDADE*** daqueles que acompanham a Instrução. O despertar desta curiosidade será, sem sombra de dúvida, *um grande vetor motivador.*

Não nos esqueçamos, ainda, que as Instruções culturais devem, também, abordar temas Não Maçônicos que foram previamente pesquisados e aprovados pela maioria dos Irmão da Loja.

Não é demais insistir com os Irmãos:

Nós, que temos interesse na Cultura Maçônica e com o futuro da nossa Instituição, somos os multiplicadores das ideias e formadores de opinião dentro das nossas Lojas, e até fora delas.

A cultura e o conhecimento é o futuro de qualquer nação, organização ou Instituição e não seria diferente na Instituição Maçônica – nós devemos nos preocupar com a

Educação Maçônica, e por que não dizer educação geral, dos nossos Obreiros.

Temos a certeza, meus Irmãos, que se um V.·. M.·. se propõe a motivar os seus Obreiros para obterem o melhor da Maçonaria, procurando fazer do seu grupo um verdadeiro grupo de amigos, não permitindo nunca choques entre Obreiros, que, normalmente, são muito negativos para o grupo, este obterá uma *Loja Justa e Perfeita* e um grupo realmente comprometido com a Loja, e não simplesmente envolvido com os seus assuntos.

A conclusão a que chegamos é que o Planejamento bem-feito, com criatividade, com Instruções motivadoras, leva o Maçom ao comprometimento com os resultados obtidos pela Loja e pela Instituição e, com certeza, poderá mudar, para melhor, em todos os aspectos, a nossa Maçonaria do futuro.

NÃO SE ESQUEÇAM:

A MAÇONARIA SOMOS NÓS!

O Maçom Comprometido

Formação do Maçom
Maçonaria: Passado, Presente e Futuro

Irm.·. Marcos A. P. Noronha
Or.·. Brasília – DF

Uma questão que tem sido posta de forma recorrente em vários e diferentes fóruns é a de saber o porquê da enorme evasão que ultimamente tem-se constatado na Maçonaria. No bojo desta questão está outra, subsidiária: por que tem sido difícil aumentar o número de Maçons? Por que muitos (talvez a maioria) dos Profanos que são convidados para entrar na Ordem estão declinando do convite?

Possivelmente este foi o motivo de a Coordenação do XVIII Encontro de Membros Correspondentes da Loja Maçônica "Fraternidade Brazileira" de Estudos e Pesquisas ter sugerido o enfoque do seguinte tema: "Novas formas de motivação Instrucional Maçônica no comprometimento do Maçom com a Maçonaria".

Neste ensaio pretende-se abordar formas que possam motivar a participação comprometida dos Maçons na grande obra da Maçonaria, que por ser uma Ordem Iniciática deve (ou deveria) provocar uma revolução interna no que concerne às questões morais e, por que não dizer, espirituais em cada ser que se diz Maçom, não só porque tenha passado pelo Cerimonial de Iniciação, mas pelo que esta passagem tenha representado e, sobretudo, provocado no aspecto evolutivo em sua vida, como ser que busca a conexão com o Grande Arquiteto do Universo.

Dessa forma, será feita uma abordagem do que pode motivar Profanos a adentrar na Ordem, pois o comprometimento do Maçom com a Maçonaria passa necessariamente pelo momento que antecede o ingresso, propriamente dito, do que se espera da Maçonaria. Para isso será feita uma viagem ao que foi a Maçonaria do passado e o que tem sido a Maçonaria atual. Por fim, será apresentada a metodologia de instrução e formação do Maçom, principalmente do Aprendiz e Companheiro, adotada na Loja "Universitária Ordem, Luz e Amor" Jurisdicionada ao Grande Oriente do Distrito Federal e Federada ao Grande Oriente do Brasil (GOB).

Para fins de contextualização entende-se ser necessário descrever, ainda que superficialmente, as diferentes fases da Maçonaria para entendimento da importância dos fatos históricos patrocinados por esta Augusta Ordem.

DESENVOLVIMENTO

1 – FASES DA MAÇONARIA

O nome "Maçonaria" provém do francês *maçonnerie*, que significa "construção". O termo Maçom (ou Maçon) provém do inglês *mason* e do francês *maçon*, que quer dizer "pedreiro", e do alemão *metz*, "cortador de pedra". O termo

Maçom, portanto, é um aportuguesamento do francês; Maçonaria por extensão significa associação de pedreiros.

Estudiosos e pesquisadores costumam dividir a origem da Maçonaria em três fases distintas, quais sejam: Maçonaria Primitiva, Maçonaria Operativa e Maçonaria Especulativa.

1.1 – MAÇONARIA PRIMITIVA

A Maçonaria Primitiva, ou "Pré-Maçonaria", é o período que abrange todo o conhecimento herdado do passado mais remoto da humanidade até o advento da Maçonaria Operativa.

Há quem busque nas primeiras civilizações a origem Iniciática. Outros buscam no ocultismo, na magia e nas crendices primitivas a origem do sistema filosófico e doutrinário. Tantas são as controvérsias, que surgiram variadas correntes dentro da Maçonaria. A hipótese defendida pela maioria dos historiadores é que a Maçonaria Moderna descende dos antigos construtores de igrejas e catedrais, corporações formadas sob a influência da Igreja na Idade Média.

É evidente que a falta de documentos e registros dignos de crédito envolve a Maçonaria numa penumbra histórica, o que faz com que os fantasistas, talvez pensando em engrandecê-la, inventem as histórias sobre os primórdios de sua existência. Há aqueles que ensinam que ela teve início na Mesopotâmia, outros confundem e tratam os movimentos religiosos do Egito e dos Caldeus como sendo Trabalhos Maçônicos. Há escritores que afirmam ser o Templo de Salomão o berço da Maçonaria.

O que existe, na verdade, é que a Maçonaria abraça

princípios e conteúdos filosóficos milenares, que foram adotados por Instituições como as "Guildas" (na Inglaterra), *Compagnonnage* (na França) e *Steinmetzen* (na Alemanha). O que a Maçonaria fez foi adotar todos aqueles sadios princípios, abraçados por Instituições que existiram muito antes da formação de núcleos de trabalho que passaram à história com o nome de Maçonaria Operativa ou de Ofício.

1.2 – MAÇONARIA OPERATIVA

A procedência da Maçonaria se perde na Idade Média, se considerarmos as suas origens Operativas, ou seja, associação de cortadores de pedras, verdadeiros operários, que tinham como ofício a arte de construção de catedrais, castelos, muralhas etc.

Após o declínio do Império Romano, os nobres romanos afastaram-se das antigas cidades e levaram consigo camponeses para proteção mútua, visando se defenderem dos "povos bárbaros". Teve início, então, o sistema de produção baseado na contratação servil Nobre-Povo (Feudalismo).

Ao se fixar em novas terras, os nobres necessitavam de castelos para sua habitação e fortificações para proteger o feudo. Como a arte de construção não era nobre, deveria advir do povo. As atividades agropecuária e de construção não guardavam nenhuma relação, o que possibilitou o surgimento de uma nova classe: os construtores, herdeiros das técnicas romanas e gregas de construção civil.

Outras companhias se formaram: artesãos, ferreiros, marceneiros, tecelões. Enfim, toda a necessidade do feudo era lá produzida. A maioria das guildas (associações) limitava-se, no entanto, às fronteiras do feudo.

Já as Guildas dos pedreiros necessitavam mover-se para a construção das catedrais, das estradas e das novas fortificações dos Templários. Os demais membros do povo não tinham o direito de ir e vir, direito este que hoje temos e nos é tão cabal.

Os segredos da construção eram guardados com incomensurável zelo, visto que, se caíssem em domínio público, as regalias concedidas à categoria cessariam. Também não havia interesse em popularizar a profissão de pedreiro, uma vez que o sistema feudal exigia a atividade agropecuária dos vassalos.

A Igreja Católica Apostólica Romana encontra neste sistema o ambiente ideal para seu progresso. Torna-se uma importante proprietária feudal, talvez a maior, por meio da proliferação dos mosteiros, que reproduzem a sua estrutura. No interior dos feudos a Igreja detinha o poder político, econômico, cultural e científico da época.

1.3 – MAÇONARIA ESPECULATIVA

A Maçonaria Especulativa corresponde à segunda fase, que utiliza mesclando os moldes de organização dos Maçons Operativos com ingredientes fundamentais, como o pensamento iluminista e a ruptura com a Igreja Romana, além da reconstrução física da cidade de Londres, berço da Maçonaria Regular.

Com o passar do tempo as construções tornavam-se mais raras. O feudalismo declinou, dando lugar ao mercantilismo. A Igreja Romana foi bastante enfraquecida e houve uma ruptura da unidade cristã, com o advento da reforma protestante.

Superada a tragédia da peste negra, que dizimou grande

parte da população mundial, particularmente da Europa, teve início o Iluminismo no século XVIII, que defendia e tinha como princípio a razão, ou seja, o modo de pensar, de ter "luz".

A Inglaterra surge como o berço da Maçonaria Especulativa regular, após um incêndio de grandes proporções atingir sua capital, Londres, em setembro de 1666. Na reconstrução da cidade nos moldes medievais foram necessários muitos pedreiros.

A Maçonaria, para se manter, se viu obrigada a aceitar outras classes de artífices. Essas pessoas formaram paulatinamente agremiações que mantinham os costumes dos pedreiros nas suas reuniões, no que diz respeito ao reconhecimento dos seus membros por intermédio dos sinais característicos da agremiação.

Essas associações sobreviveram ao tempo. Os segredos das construções não eram mais guardados a sete chaves, eram estudados publicamente. Todavia, o processo de associação era interessante, haja vista que o método de reconhecimento da Maçonaria Operativa era muito útil para o modelo que surgiu posteriormente. Em vez de erguer edifícios físicos, catedrais ou estradas, o objetivo era outro: erguer o edifício social ideal. Este foi o tempo em que foram "aceitos" intelectuais, nobres e burgueses, que deram nova roupagem à Maçonaria anterior, totalmente operativa.

Os novos Maçons, aceitos, tiveram papel relevante nos fatos históricos dos séculos XVIII e XIX, com os movimentos sociais voltados para a liberdade das pessoas, a independência das nações e o poder democrático, com o slogan de que o poder deve emanar do povo, estimulando a formação de repúblicas em contraponto às monarquias, então existentes. Pode-se dizer que foi um período alvissareiro para a Maçonaria.

Não é demais salientar que foi justamente o ingresso dos Maçons Aceitos, muitos deles egressos de grupos hermetistas e filosóficos, que deu, a muitos, a impressão da milenaridade da Maçonaria, posto que eles trouxeram para seu seio motivos de diversas correntes filosóficas, herméticas, religiosas, enfim, de todo caráter do pensamento humano cuja origem é efetivamente milenar.

2 – A MAÇONARIA NO PASSADO

Nas grandes conquistas sociais do passado, principalmente nos séculos XVIII e XIX, a Maçonaria sempre esteve presente. Citamos duas no exterior, para em seguida citar as principais no Brasil.

A Proclamação da Independência Americana, em 4 de julho de 1776, teve o patrocínio de Lojas Maçônicas. Thomas Jefferson e Benjamin Franklin eram Maçons, 14 dos presidentes americanos também.

O mesmo diga-se da Revolução Francesa, nome dado ao conjunto de acontecimentos entre maio de 1789 e novembro de 1799, que alteraram o quadro político e social da França. A Revolução é considerada como o acontecimento que deu início à Idade Contemporânea. Aboliu a servidão e os direitos feudais e proclamou os princípios universais de Liberdade, Igualdade e Fraternidade, frase cunhada por Jean-Jacques Rousseau, que era Maçom.

(LIBERDADE, IGUALDADE e FRATERNIDADE são

os fins da Maçonaria e devem estar eternamente gravados nas suas Colunas. Será que estão?)

Um dos símbolos mais emblemáticos da Maçonaria é o Triângulo, representando cada um de seus lados os princípios de Liberdade, Igualdade e Fraternidade. Essa, a razão de conservar-se na bandeira do Estado de Minas Gerais a mesma divisa ilustrada com a expressão latina "*libertas quae sera tamen*" (liberdade ainda que tardia), que resumia o espírito da Conjuração Mineira.

Em Portugal, a Maçonaria teria chegado pelas mãos de ingleses, conforme alvará de autorização do Grão-Mestre inglês lorde Weimouth, em 1730. No Brasil, há controvérsia sobre o tema. A primeira Loja, com o nome de União, teria formalmente se instalado no Rio de Janeiro, em 1800. Em 1802, foi a vez da Bahia, com as Lojas "Virtude" e "Razão". Em 1804, as Lojas "Constância" e "Filantropia" passaram a atuar no Rio. A partir daí, se espraiaram pelo Brasil afora.

Deve ser ressaltado que praticamente todos os movimentos libertários no Brasil tiveram inspiração e participação de Maçons. Ainda que em determinada época, como no caso da Conjuração Mineira, não houvesse Lojas formalmente constituídas, foram Maçons Iniciados no exterior, ou Iniciados no Brasil por aqueles outros, quem de fato participaram deste movimento com coragem e heroísmo.

(Aos que pensam que a Conjuração Mineira fora um fracasso deve-se contestar, afirmando que esta fora uma demonstração cabal da preparação para a grande tarefa de libertação da Pátria, numa conduta impecável de Maçons obstinados e comprometidos com o progresso e, com toda a certeza, sob os auspícios do G∴ A∴ D∴ U∴).

Outro exemplo típico foi a libertação dos escravos, ainda que, à época, contrária aos interesses dos fazendeiros e de boa parte da Igreja.

A Independência foi quase toda obra da Maçonaria, principalmente sob a batuta de Joaquim Gonçalves Ledo e José Bonifácio de Andrada e Silva, Maçons que, com outros, ardentemente a defenderam e que levaram Dom Pedro a nela se iniciar com o nome de Guatimozim.

José Bonifácio tornou-se o primeiro Grão-Mestre no Brasil. Depois, o próprio Dom Pedro. Uma das Colunas internas do Templo onde se reuniam tinha o sugestivo nome de "Independência ou Morte", que serviu de mote a Dom Pedro no histórico brado proferido às margens do riacho Ipiranga.

Em decorrência dos conflitos entre o governo e a Igreja, advindos da "questão religiosa"; da insatisfação dos militares pós-Guerra do Paraguai, com suas ideias libertárias; da franca presença dos Maçons sob a liderança de Quintino Bocaiuva, Campos Salles, Prudente de Morais e tantos outros, sedimentou-se o caminho que resultou na Proclamação da República. O Marechal Deodoro da Fonseca, que era Maçom, foi o agente de sua execução, compelido por militares e civis Maçons.

Por certo, o que as instituições nacionais devem à Maçonaria não caberia neste espaço. No mínimo, mereceria um denso ensaio. Vale o registro apenas para situar o reconhecimento do papel que exerceu.

3 – A MAÇONARIA NO SÉCULO XX

O século XX foi um período difuso para a Maçonaria

brasileira, pois, além de não haver nenhum feito de relevância no que concerne à participação social de nossa Ordem na vida política, ainda foi um século de retrocesso para a Maçonaria de um modo geral e para o Grande Oriente do Brasil em particular, maior potência da América Latina e a mais antiga do Brasil.

Houve, sim, uma decadência da Maçonaria com disputas internas por Cargos e Honrarias.

Como de conhecimento, no início do segundo quartil desse século houve a grande cisão em nossa Ordem ocasionada pela vaidade humana com intrigas e disputas eleitorais, enfim, pela prática de ações, totalmente, contrárias aos nossos princípios.

A história do Supremo Conselho do Grau 33 do Rito Escocês Antigo e Aceito, fundado no Brasil em 1832, por Francisco Gê Acayaba de Montezuma, confunde-se com a do Grande Oriente do Brasil, uma vez que as duas Instituições fundiram-se em 1854. O Grão-Mestre do Grande Oriente do Brasil era, então, simultaneamente, o Soberano Grande Comendador do Supremo Conselho.

O cisma ocorrido na Maçonaria brasileira, em 1927, se constituiu o divisor de águas entre ambas. As divergências que originaram a cisão ocorreram no Supremo Conselho, com repercussão direta no Simbolismo, com a criação das Grandes Lojas nos Estados, autônomas. As desavenças eleitorais foram o pano de fundo.

Em 1973, uma vez mais por disputas eleitorais, houve um segundo cisma, originando desta feita a criação dos Orientes Independentes (COMAB).

Estes fatos fizeram com que as energias deixassem de

ser canalizadas para os verdadeiros fins (Liberdade, Igualdade e Fraternidade) e para o que é a Maçonaria, ou seja, uma Instituição essencialmente iniciática, filosófica, filantrópica, progressista e evolucionista, salientando que por ser iniciática ela proclama a prevalência do espírito sobre a matéria, sendo, portanto, uma instituição espiritualista. Mas o que se viu foi a profanação de nossa Augusta Ordem, com desejos de baixo nível: "o poder a qualquer preço".

Isto tudo tirou força da Maçonaria, pois, como nos traz o dito popular, a União faz a força e, contrário senso, a separação traz a debilidade.... Talvez, por isso, a Maçonaria de hoje tem sido frágil, fraca e sem influência social e política no Brasil.

Como não se deve alongar nestas tristes considerações, para-se aqui de falar da Maçonaria no século XX, mas deixa-se uma questão para reflexão: por que a maciça maioria dos Maçons, que com certeza é constituída de Homens Bons, Livres e de Bons Costumes, permite que uma minoria devaste a Ordem, como ocorreu?

Será que é a transferência do que ocorre no mundo civil brasileiro onde, amiúde, a influência dos maus sobrepuja a dos bons?

Na opinião do autor, a falta de vigor, a timidez e a ausência, pelos bons, de exteriorizar a indignação em presença de fatos praticados pelos maus, que são intrigantes e audaciosos, é que levam a estas situações. Contudo, quando os bons o quiserem, com certeza, preponderarão. Aliás, como já dito alhures: "o Brasil seria melhor se os homens honrados tivessem a ousadia dos desonestos".

4 – A MAÇONARIA NESTE INÍCIO DO SÉCULO XXI

Com fulcro nos princípios e fins da Maçonaria, pode-se afirmar que a "Iniciação Maçônica tem por objetivo tornar o homem em um novo ser, apto a integrar-se na filosofia do humanismo, capacitando-o à compreensão da universalidade e da fé religiosa, levando-o ao entendimento de que pertence a uma mesma e única humanidade".

Dos deveres Iniciáticos que o Maçom deve cumprir, salienta-se o de buscar a evolução espiritual para que esta possa ser espargida entre os que a desconhecem, visando trabalho objetivo pelo bem-estar e o progresso da humanidade, tendo em vista que a Ordem Maçônica, por ser Iniciática, prega a prevalência do espírito sobre a matéria. Ou será que por pregar a prevalência do espírito sobre a matéria ela é Iniciática? O que é causa e o que é efeito? Pouco importa. Importam a ação e o comportamento dos Maçons, sobretudo nas questões morais e, consequentemente, éticas.

Os Maçons devem, sem descurar de seu próprio aperfeiçoamento, enfrentando os embates que a luta pela vida apresenta, propagar pela palavra, mas essencialmente pelos exemplos, os princípios prescritos pela Ordem.

Com base em tais princípios, pode-se sustentar a compreensão, sob a ótica Maçônica, do que sejam a Ética e a Política.

Como temos observado, "em alguns segmentos da sociedade brasileira, há um perigoso distanciamento entre ética e política. Há uma percepção difusa de que as duas não se complementam, constituindo-se universos distintos. A ética, assim, isoladamente, não teria espaço no mundo político.

Contudo a ética é uma instância que deve se subsumir na política".

"A ética está alicerçada em princípios. A assertiva "os fins justificam os meios" jamais poderia ser invocada na política. Se abandonasse os princípios básicos, a política perderia a sustentação dos seus atos. Nesse sentido, a ética deve embasar toda e qualquer ação política. Trata-se, enfim, de uma questão de princípios."

"Consoante a doutrina da Maçonaria, o pensamento ético deve forjar o sistema de valores que fundamenta uma sociedade justa. Dessa forma, a política deveria ser aplicada eticamente à sociedade, pois nem a ética, nem a política podem ser monopólio de grupos ou instituições."

Como vimos, a Maçonaria lutou e participou das mudanças dos regimes políticos existentes em passado recente, na busca da preponderância do regime democrático, por este emanar do povo, que deve ser constituído de homens livres e iguais em direitos e deveres.

É de conhecimento que a "democracia renova-se juntamente com a renovação da sociedade. Um rápido olhar sobre a história do país revela que a democracia pode ser suprimida pelas circunstâncias do momento, utilizada por grupos de poder que confundem o público e o privado, manipulada por interesses que atropelam a ética por objetivos subalternos".

Para evitar que a possibilidade de supressão deste regime possa vir a ocorrer, temos que ter uma sociedade muito consciente e ética. Uma das formas de se conseguir esta proeza é estimular, por intermédio da educação, em sentido lato, o exercício da democracia em sua plenitude, inclusive no momento de sufragar o voto em um candidato a um cargo público, seja do executivo, seja do legislativo.

Nossa última eleição se deu há menos de um ano, mas temos convicção de que milhões de pessoas não sabem dizer o nome do deputado federal e do senador em quem votaram. E, caso se lembrassem do nome, dificilmente poderiam explicitar de forma clara a plataforma do candidato. Existe por parte dos eleitores uma falta de comprometimento com o seu próprio gesto, um gesto ao mesmo tempo individual e coletivo, fundamental e democrático, no exercício da cidadania participativa.

Dessa forma, os eleitos, quando exercem, livremente, o mandato, sem cobranças e sem acompanhamento, em regra se entregam a uma representação teatral, que transforma instituições que deveriam ser veneráveis em palco, para os holofotes da mídia, verberando palavras vazias a ouvidos desatentos.

Quando a representação não cumpre seus objetivos básicos, o que, infelizmente, vem ocorrendo, o teatro e a política nada têm a ganhar e os representados têm tudo a perder.

"Dessa forma, a representação social se torna uma farsa e o ato democrático cai no vazio. Como em tal situação raramente existem motivos para aplausos, as vaias que ressoam no teatro, nos aeroportos ou nos estádios repercutem sobre os próprios atores sociais; os eleitos e os eleitores."

Assim, as questões relevantes para a sociedade e para seu crescimento acabam por ficar em suspenso até a próxima convocação das urnas, o que, por argumento, resulta em mais do mesmo fato que reitera o círculo vicioso de esperanças que se perdem e das promessas que jamais são cumpridas.

Para escapar desse círculo vicioso, torna-se necessário que as eleições se constituam no momento propício para que se realize modificação no quadro político, com o devido respeito à coisa pública, por intermédio do voto que deve ser depositado em nomes capazes de ouvir e atender o clamor público, tudo sem exclusão das medidas administrativas e judiciais que visem exemplar punição daqueles que, eventualmente, corrompam sua representatividade quando eleitos.

Então, a Maçonaria, nesse quesito, ao invés de apoiar determinado candidato pelo simples fato de apoiar, mesmo que seja um Maçom, deveria buscar o compromisso formal desse candidato que, em sendo eleito, irá cumprir com os compromissos éticos que a Ordem proclama. Fica uma indagação: isto é possível com o "*status quo*" atual ou é uma utopia?

"Respeitados e cultivados os direitos fundamentais, valorizada a representatividade, há de cuidar-se da cidadania."

É sabido que a maciça maioria dos cidadãos brasileiros jamais leu a Constituição Federal, desconhece nossa Lei Magna e só entra em contato com ela por "ouvir falar". Por isso, milhões ignoram seus direitos e deveres civis e patrióticos. Com esse desconhecimento, ou seja, com essa ignorância, como ser verdadeiramente um cidadão?

Coisas simples, por vezes até banais, não são cumpridas. Para tanto se apresenta um singelo exemplo: o que diz a legislação sobre as faixas de pedestres para cruzar pistas de rolamento?

(1) os motoristas devem parar e dar preferência aos pedestres onde houver faixas a eles destinadas para

cruzar a pista de rolamento, exceto nos locais com semáforo;

(2) os pedestres não devem cruzar a pista de rolamento fora das faixas sempre que estas existirem numa distância de até cinquenta metros deles; e

(3) o poder público deve manter, obrigatoriamente, as faixas e passagens de pedestres em boas condições de visibilidade, higiene, segurança e sinalização. Os motoristas, os pedestres e o poder público respeitam essa legislação?

O que a Maçonaria deve fazer para começar a mudar as condições culturais da sociedade brasileira?

5 – A MAÇONARIA DO FUTURO

A Maçonaria do futuro deve ser uma Maçonaria diferente do que temos visto nestas últimas décadas. Deve, primeiro, trabalhar internamente para o retorno de sua condição de Ordem Iniciática onde, além de empenhar-se pelo aperfeiçoamento moral, intelectual e social da humanidade, deve, principalmente, demonstrar que é uma instituição espiritualista, pois não adianta somente proclamar a prevalência do espírito sobre a matéria, haja vista que, se as palavras convencem, os exemplos arrastam.

Para esta mudança, primeiramente interna, como afirmado, e depois espargindo para a sociedade, faz-se necessário que o Maçom estude e trabalhe a si mesmo, se educando em um sentido amplo, haja vista que somente sendo educados os Maçons poderão exercer a cidadania e ensinar a exercê-la.

A partir dessa autoeducação, a Maçonaria poderá

educar a população, insistindo para que todos compreendam a responsabilidade de cada um diante de si mesmo e dos outros, diante da lei, da justiça, do direito de ir e vir, da busca da felicidade, conscientizando de que o paternalismo e o clientelismo se constituem ameaça à cidadania.

É preciso esclarecer ao povo, pela educação, que fugir ao compromisso com a própria cidadania é mais que uma fuga: é ajudar a alimentar a corrupção dos valores necessários para a construção de uma sociedade mais justa, mais equilibrada e mais harmoniosa.

Os Maçons devem estar cientes de "que se há de colher no plano coletivo o que se planta no plano individual. Que para se denunciar o sistema há de se ter consciência de que como seu integrante deve se proporcionar os meios para sua melhoria".

É necessário, como eleitores, saber cobrar dos políticos o cumprimento do programa com o qual foram eleitos pelo voto do povo. Ao se delegar poderes, há de se manter o vínculo com esse poder, porque todos são atores principais do espetáculo. Por isso que, para se aplaudir ou vaiar, não se pode fazê-lo como simples espectador, mas como coparticipante das ações, tornando-se imperativo encontrar meios para que não existam as vaias, às quais haverão de se sobrepor os aplausos.

"É preciso que no mundo os fins sejam alcançados em estrita obediência aos princípios, sem os quais não haverá espaço para o processo construtor. Por isso, mais do que nunca, é preciso vincular política e ética, ação social e participação."

Somente agindo assim "será possível escapar do círculo vicioso dos eventuais atos inconsequentes e descompromissados para o círculo virtuoso dos atos comprometidos e conscientes. Só assim será possível o saneamento da vida pública, quando necessário, com a retomada do verdadeiro sentido de cidadania, com absoluto respeito à coisa pública, às leis, e aos mais altos interesses do Brasil, como determina a Constituição Federal".

Pode-se apresentar, a título de sugestão, três exercícios de cidadania, que poderiam se converter em metas da Maçonaria para a década que está se iniciando, de forma que ao final dela fosse possível parametrizar os resultados obtidos.

A primeira sugestão seria um trabalho de conscientização de que o planeta está sendo ameaçado pelo desequilíbrio das ações humanas sobre o meio ambiente. Como este é um tema midiático, muitos podem afirmar que já têm conhecimento desta ameaça. Aí entra a Maçonaria: o que fazer, pontualmente, para a mitigação desta ameaça? Exige-se hoje de cada ser humano uma mudança de paradigma, pois se não houver mudanças agora, se legará às gerações futuras um mundo caótico.

A Maçonaria pode e deve contribuir, concretamente, com atividades ético-políticas pela sobrevivência do planeta. Com certeza, existem membros nos quadros da Ordem Maçônica com bagagem técnica para elaborar um projeto, propondo e cobrando a implementação de uma nova política ambiental, que redunde em ações governamentais e privadas tendo por objetivo a preservação, melhoria e recuperação ambiental propícia à vida, visando assegurar, no País, condições ao desenvolvimento socioeconômico, aos interesses da segurança nacional e à proteção da dignidade da vida humana.

A segunda sugestão é na área de atuação profissional deste autor. A proposta é a de trabalhar com Educação Fiscal.

Como deve ser de conhecimento de muitos, Educação Fiscal é um processo que visa a construção de uma consciência voltada ao exercício da cidadania. O objetivo é propiciar a participação do cidadão no funcionamento e aperfeiçoamento dos instrumentos de controles social e fiscal do Estado.

O tributo é um instrumento que pode e deve ser utilizado para promover as mudanças e reduzir as desigualdades sociais. O cidadão, consciente da função social do tributo como forma de redistribuição da renda nacional e elemento de justiça social, é capaz de participar do processo de arrecadação, aplicação e fiscalização do dinheiro público.

Assim, os cidadãos devem:

(1) ter sensibilidade para a função socioeconômica do tributo;

(2) conhecer a administração pública;

(3) acompanhar a aplicação dos recursos públicos e

(4) tentar estabelecer uma relação harmoniosa com o Estado no que concerne à arrecadação tributária.

Muitos dizem que a carga tributária brasileira é alta, muitas das vezes querendo dizer que a incidência tributária individual é alta, e por isso justificam a sonegação, que é alta. Já houve quem se manifestasse (não se sabe exatamente com base em que elementos científicos) que para cada real arrecado há um real sonegado. Então, adentra-se em um círculo vicioso: a sonegação é alta porque a incidência tributária é alta; esta é alta porque a sonegação é alta.

Como mudar este círculo vicioso para um círculo virtuoso? Com educação (fiscal). Não deveria haver conivência com a sonegação. No Brasil tornou-se vulgar ao comprar produtos ou contratar serviços a indagação: com nota ou sem nota? Isto tem que ser mudado! Os cidadãos devem se indignar com esta pergunta. Sabe-se que relativamente poucos, principalmente a classe média, sofrem uma incidência tributária alta; assim como os pobres no que concerne aos tributos indiretos, como, por exemplo, IPI (Imposto sobre Produtos Industrializados), ICMS (Imposto sobre Operações relativas à Circulação de Mercadorias e sobre prestações de serviços de transporte interestadual, intermunicipal e de comunicação). A sistemática atual deve ser reavaliada.

O autor apresenta uma experiência pessoal vivenciada há cerca de oito anos quando exercia o cargo de Chefe da Divisão responsável pela administração tributária do IPI. Era comum receber, para análise e emissão de parecer, projetos de parlamentares propondo a desoneração de IPI de certos produtos.

Em determinada ocasião recebeu-se de uma associação e de um parlamentar a proposta de desoneração do IPI incidente sobre os protetores solares. A argumentação do pedido da associação era de que com a redução tributária o preço ao consumidor poderia ser reduzido. A alíquota de IPI dos protetores era de 10% (dez por cento). Em função da atribuição medicinal desse produto (prevenção ao câncer de pele), foi proposta a redução para zero por cento, ou seja, na prática não haveria incidência de IPI sobre os protetores solares. A proposta foi acolhida e foi editado decreto presidencial nesse sentido. Pois bem, durante aproximadamente um ano o autor acompanhou, informalmente, junto a um supermercado e a uma drogaria o preço dos protetores. O que ocorreu? O preço do produto para o consumidor nunca caiu, ao contrário, depois de aproximadamente quatro meses de vigência do decreto (alíquota de zero por cento de IPI dos protetores solares) houve aumento do preço.

A sociedade, e isso pode ser feito por intermédio da Maçonaria, tem que estabelecer um projeto para acompanhamento das ações que envolvem a prática de arrecadar e aplicar os recursos públicos, mas também do cumprimento das obrigações tributárias pelas empresas e pelos cidadãos.

A terceira sugestão apresenta maior dificuldade e complexidade de implementação, pela subjetividade que existe por trás dela, mas nem por isso deve ser deixada de ser perseguida como objetivo: combater a corrupção. Tudo está a indicar, pelo que se presencia na mídia falada (televisiva e radialista) e escrita, que os níveis de corrupção no Brasil atingiram nestes últimos anos patamares jamais presenciados. Outros dizem que sempre foram elevadíssimos; não havia, contudo, a divulgação que há hoje. De qualquer forma é de estarrecer!

Em menos de oito meses do atual governo federal, a presidente foi obrigada a substituir três ministros e vários membros do segundo escalão por denúncias ligadas à falta de ética, principalmente por corrupção.

A Maçonaria deve atuar de forma concreta, de modo a influenciar a sociedade, privada e pública, da necessidade de reduzir drasticamente os atuais patamares de corrupção.

Dizem que no atual estágio de evolução espiritual, ou seja, por falta desta evolução, é impossível acabar com a corrupção, mas vemos que em países mais evoluídos socialmente, com maior nível de conscientização de cidadania, o risco para quem é corrupto ou corruptor (não adianta punir só o corrupto) é muito alto. Presencia-se primeiros-ministros "caindo" por aceitar "presentes" indevidos a quem exerce um cargo público. O que ocorre no Brasil, em termos de punição? Algum dos "mensaleiros" foi condenado? Como já dizia o Marquês de Maricá, a impunidade tolerada pressupõe cumplicidade.

Mas há uma pergunta que não quer calar: em sentido lato, a Maçonaria está isenta de corrupção? Cada Maçom deve refletir sobre esta pergunta. Se a resposta for não, há de se combater primeiro a corrupção dentro da Ordem para depois trabalhar fora, pois, se ainda há trevas na Maçonaria, não há como espargir Luz a partir desta!

É importante ressaltar que corrupção não é tão somente roubar ou apropriar-se indevidamente de bem público. É também ter atitudes que contrariam a moral e a ética. Não se deve ser conivente, por omissão, com essas práticas.

De resto fica a expectativa de que o espírito Maçônico possa orientar nossos políticos e nos liberar da tragédia da corrupção, praga de sempre e muito alta no momento atual.

O que tem tudo isso que foi falado sobre Maçonaria do futuro com o comprometimento do Maçom com a Maçonaria? Tudo, pois, se a Maçonaria tiver metas estratégicas, com visão de futuro, que ajude a sociedade a se tornar melhor, haverá, por consequência, o engajamento de Maçons, que estarão motivados a cumprir com este mister, e a fazer parte da mudança da sociedade, e a revogar a famosa lei que impera no Brasil, desde os tempos coloniais: "os brasileiros querem levar vantagem em tudo".

6 – A FORMAÇÃO DO MAÇOM

Como pode ser depreendido dos itens anteriores, os

dirigentes de uma Loja Simbólica, principalmente aqueles responsáveis por ministrar instruções, que devem ser o Venerável Mestre e os Vigilantes, devem trabalhar com os Aprendizes e Companheiros, propiciando o desbaste da Pedra Bruta que cada um deve fazer *"per si"*, principalmente, no que concerne à compreensão, apreensão e colocação em prática dos Princípios Iniciáticos da Maçonaria. As instruções devem dar consistência à formação do homem para uma Ordem mais Justa e Perfeita e para o exercício pleno da cidadania, sem descurar da ética, exercendo a regra de ouro que é a "de fazer aos outros o que gostaria que os outros fizessem a você".

O programa de formação do Maçom, como dito na introdução, começa antes mesmo de ele se tornar um Neófito. Aí fica a questão: como proceder para tal desiderato?

É sabido que, apesar de hoje ser dito que a Maçonaria não é mais secreta, e sim discreta, a curiosidade é o principal mote que leva alguns a desejar o ingresso na Ordem. Outros aspiram ingressar por interesses exclusivamente materiais, ou seja, são os que pensam em ter alguma vantagem no aspecto material depois de se tornarem Maçons. Assim, a primeira ação a ser feita, não só pelo proponente, conhecido como Padrinho, mas também por membros da Diretoria, em especial o Venerável (o ideal é ter mais um membro além do Venerável), é ter uma conversa prévia com o *futuro* Candidato.

O início da conversa ocorre com uma pergunta peremptória: por que você está interessado em entrar para a Maçonaria? A resposta do Candidato é de suma importância, não só a resposta verbalizada, pois como de conhecimento (acredita-se que geral) o corpo fala, então, a expressão dos olhos, a direção do olhar, os gestos, sudorese, entre outros aspectos, devem ser considerados, inclusive possível timidez do Candidato (o que ficará caracterizado ao longo do encontro).

A seguir os entrevistadores devem expor ao Candidato que ele deve ter uma percepção clara do que é a Maçonaria, por isso estes devem ser os mais experientes possíveis e deterem, realmente, um conceito firme e claro do que seja a Maçonaria.

No âmbito do GOB foi editado há alguns anos um "folder" com o título "O que é a Maçonaria", contendo 24 (vinte e quatro) perguntas e respostas de interesse de um possível Candidato. Hoje esse folder se encontra no site do GOB no endereço http://www.gob.org.br/gob/index.php?option=com_content&view=article&id=51&Itemid=65, então, a informação do que seja a Maçonaria pode ter como base as informações contidas neste "folder". O site do GOB tem, também, uma orientação denominada "Como posso tornar-me Maçom?" que deve ser sugerida como leitura posterior ao encontro ao futuro Candidato, assim como o próprio "folder".

Na conversa devem ser ressaltadas as seguintes características, em síntese, sobre a Maçonaria:

a) É essencialmente Iniciática, por isso prega como um dos princípios norteadores, quiçá, o mais importante, a prevalência do espírito sobre a matéria, tendo como forma subsidiária a prática da filantropia para que os Maçons possam aprender a ser fraternos, primeiro, com os que não pertencem à Maçonaria para depois com os Irmãos.
b) Seus fins supremos são: Liberdade, Igualdade e Fraternidade.

c) Seu objetivo é a investigação da verdade, o exame da moral e a prática das virtudes.
d) Não é religião, mas é religiosa, porque reconhece a existência de um único princípio criador, regulador, absoluto, supremo e infinito ao qual se dá o nome de Grande Arquiteto do Universo, porque é uma entidade espiritualista em contraposição ao predomínio do materialismo.
e) Combate a ignorância, a superstição, o fanatismo, o orgulho, a intemperança, o vício, a discórdia, a dominação e os privilégios.
f) É (ou deveria ser) eminentemente tolerante e exige dos seus membros a mais ampla tolerância. Por isso, reconhece que todas as religiões e ideais políticos são igualmente respeitáveis e rechaça toda pretensão de outorgar situações de privilégio a qualquer uma delas em particular.
g) É progressista porque partindo do princípio da imortalidade e da crença em um princípio criador regular e infinito, não se aferra a dogmas, prevenções ou superstições.
h) Tem como lema o seguinte trinômio: Ciência – Justiça – Trabalho: Ciência, para esclarecer os espíritos e elevá-los; Justiça, para equilibrar e enaltecer as relações humanas; e Trabalho por meio do qual os homens se dignificam e se tornam independentes economicamente. Assim, a Maçonaria deve propiciar o melhoramento intelectual, moral e social da humanidade.

Os entrevistadores devem alertar ao futuro candidato

que a Maçonaria pode ser considerada uma organização perfeita, feita de homens perfectíveis, mas imperfeitos, o que faz com que sejam encontrados Maçons com baixíssimo nível espiritual e, por consequência, com muitos vícios que são os oponentes das virtudes. Assim, se sua decisão for pelo ingresso, ele deve ter isso em mente para não se decepcionar no futuro, lembrando que onde "está o ferro está a possibilidade da oxigenação, ou seja, da ferrugem", portanto, se deparará com seres humanos com defeitos, uns mais outros menos, mas todos longe da perfeição.

Depois do encontro ele terá um tempo, sem prévio estabelecimento de prazo, para decidir se apresenta a proposta com pedido de ingresso na Ordem. Ao longo dos últimos quatro anos e meio, o signatário deste ensaio teve oportunidade de entrevistar cerca de 60 (sessenta) possíveis Candidatos e, desses, mais da metade desistiu de apresentar a proposta. O que foi muito bom, pois isto evitou desgaste material, espiritual, emocional, psicológico tanto para o Candidato quanto para a Loja, ou seja, para os Membros do Quadro. O autor já presenciou em outra Loja um pedido de "Quite-Placet" na primeira Sessão do Neófito após a Iniciação, sob a alegação de que depois de Iniciado fora conversar com o pastor e este lhe disse que não era cabível que um fiel de sua igreja fosse Maçom. Possivelmente, uma conversa prévia, franca e abordando aspecto como este teria evitado tal desgaste.

Com a proposta entregue e a publicação do edital, o Venerável Mestre deve ter o devido cuidado para a seleção dos sindicantes, pois estes nunca devem ser escolhidos ao acaso. Deve-se levar em consideração o perfil do Candidato, sua formação e outros fatores para escolha do sindicante, de forma a facilitar o trabalho deste, e a recepção da visita com serenidade e de forma tranquila, por parte do Candidato.

Assim, o primeiro passo para evitar evasões é a realização do encontro prévio com o futuro Candidato. O segundo passo é a de formação do Irmão, em particular dos Aprendizes e Companheiros, conforme dito na introdução.

Uma consistente formação do Maçom passa por acurada atenção às atividades Ritualísticas, que devem ser planejadas e executadas sob a coordenação do Venerável Mestre e Vigilantes com assessoramento da Comissão de Ritualística, se houver. Essas atividades têm por principal objetivo a capacitação dos Irmãos Aprendizes e Companheiros no estudo, compreensão e apreensão dos ensinamentos e aspectos dos Graus 1 e 2, respectivamente.

Para tanto deve ser estabelecido um "Programa de Instrução" dos Aprendizes e Companheiros com conhecimento de toda a Loja, principalmente daqueles que serão instruídos (Aprendizes e Companheiros), objetivando, principalmente, o entendimento da Iniciação Maçônica e as mudanças que, se espera, deverão acontecer no Iniciado.

No que concerne às diferentes Obediências e Ritos e o modo como se relacionam no contexto maçônico, deve ser entendido e apreendido por meio da própria vivência maçônica, ou seja, do contato com outras Lojas, materializado pelo princípio Universal Maçônico de visitação, focando em Lojas que praticam outros Ritos.

Assim, foi estabelecido na Loja "Universitária Ordem, Luz e Amor" que o Aprendiz, para fazer jus ao Aumento de Salário, deve apresentar os certificados de visitas às Lojas dos outros Ritos, pelo menos um certificado para cada Rito. Deve ser ressaltado que a Loja adota como diretriz que a visita deve ser acompanhada por um Mestre.

Na mesma Loja, foi incluído no estudo do Grau de Aprendiz os elementos que antecederam e contribuíram para o nascimento do Maçom, haja vista que, por vezes, não se dá a devida importância ao que antecede ao juramento, sendo, por consequência, frequentemente esquecida. Quando muito, é proferida pequena explanação ao Neófito, sem atentar que este foi seu primeiro contato com o Método Ritualístico de trabalho da Ordem Maçônica.

A Loja "Universitária Ordem, Luz e Amor" também estabeleceu um "Programa de Instrução" dos Aprendizes e Companheiros, sendo imperioso aos Irmãos desses Graus chegarem com pelo menos uma hora de antecedência, momento em que os Vigilantes e outros Mestres da Loja, num clima fraterno, ministram as instruções e esclarecem as dúvidas desses Irmãos, pelo período de 45 minutos. Em seguida, 10 minutos são destinados ao aparelhamento do Templo.

As orientações de estudos visam dar ênfase especial aos momentos passados na Câmara de Reflexão e naqueles que antecedem ao juramento, ainda como Profanos, bem como naqueles atos que ocorrem logo após se tornarem Maçons. Estas orientações passam, também, pelo entendimento do significado dos Símbolos Iniciáticos e pela mudança de atitude que se espera de um Iniciado.

As Instruções são, também, direcionadas para a necessidade de os novos membros dedicarem-se às pesquisas sobre o significado do Processo Iniciático e a partir destas fazer uma séria e profunda reflexão sobre esse processo, uma vez que muitos detalhes passam despercebidos devido à enorme gama de informações recebidas durante a Iniciação.

É de bem ressaltar que este trabalho, qual seja, o de formação do Maçom, conectado com o fato de a Maçonaria ser uma Ordem Iniciática, busca o crescimento do ser humano em sentido *lato*, mas principalmente o espiritual, conforme já dito neste ensaio.

Assim agindo, acredita-se que está havendo uma contribuição para a melhoria da sociedade como um todo, na busca de que ela seja mais Justa e Perfeita.

Desse modo, a metodologia empregada traz o estudo e a reflexão dos ensinamentos de cada um dos Graus Iniciáticos em sua totalidade, ou seja, de maneira integral, buscando no Livro da Lei o respaldo para as lições morais que habitam nos preceitos ritualísticos.

Tal cuidado tem por fim a melhoria do Iniciado como ser humano, além de ter importância ímpar na prevenção de conflitos e na mantença da harmonia da Loja, a qual deve ser um cenário de paz e fraternidade, para que tenha condições de realmente se fazer Maçonaria e não apenas um lugar estéril de administração de conflitos oriundos de vaidades.

Ressalta-se ainda que a preocupação com a formação do futuro Mestre, tema permanente na Loja "Universitária Ordem, Luz e Amor", não se dá apenas no âmbito da Loja. O Companheiro Maçom exercitando os ensinamentos morais em Loja fatalmente os levará para o mundo Profano, para seu lar, seu ambiente de trabalho, por meio da exemplificação.

CONCLUSÃO

Como visto, a motivação Instrucional Maçônica passa necessariamente por uma mudança de paradigma de atuação da Maçonaria em nível estratégico, pois não é mais cabível ficar vivendo do passado. Para tanto não é necessário buscar inspiração nas altas e rarefeitas esferas do pensamento humano. Muitas vezes, para colher esta lição de sabedoria ímpar basta estar junto ao povo, pois como expresso no ditado popular: "a voz do povo é a voz de Deus". Dessa forma, faz-se mister ouvir a voz do povo com a mesma atenção dedicada aos grandes pensadores e intelectuais.

Quanto à célula menor da Maçonaria e, na opinião do autor, de maior relevância no que concerne à formação do Maçom, a Loja, por intermédio de sua Diretoria, sob o comando firme, sereno e equilibrado do Venerável Mestre, deve ter um plano diretor para o período correspondente à gestão (no GOB, dois anos, em regra), com formas motivacionais de Instrução Maçônica que levam a um maior comprometimento do Maçom com a Maçonaria; isso porque as características únicas de nossa Ordem reclamam planejamento e administração ímpares, em conformidade com o seu universalismo e o seu ecletismo, aliados à necessidade de administração laica e litúrgica.

A sobrevivência da Ordem Maçônica, de acordo com os princípios universais que a regem, depende da ação de seus Obreiros. O futuro está nas mãos dos atuais Maçons, haja vista que o presente foi legado por aqueles que os antecederam e tem-se a obrigação de transmiti-lo com crescimento e progresso aos que sucederão.

Essas qualidades e princípios morais são o que torna um Maçom dedicado a ponto de sacrificar suas horas de lazer, o aconchego do lar, o carinho da esposa, a ternura dos filhos para trabalhar pela sua Loja, por seus Irmãos, enfim, pela Maçonaria. **Isso não é apenas abstração filosófica, mas objetivo, meta que necessita ação e dinamismo e que pode, de fato, alterar o rumo da Maçonaria, resgatando os princípios iniciáticos que a diferenciam de outras organizações.**

Se os Maçons assim agirem, com certeza a Ordem se fortalecerá, o número de Obreiros crescerá com qualidade, o que é de suma importância, e o número de Obreiros evadidos será mitigado, pois haverá objetivos claros do que se pretende, de onde se quer chegar e qual a Maçonaria que se deseja e o que deve ser feito para atingir este objetivo, pois "para quem não sabe onde quer chegar qualquer caminho serve".

POSFÁCIO

Para concluir este trabalho homenageiam-se, neste posfácio, todos os Maçons do orbe que dedicaram seu tempo, sua energia e seu amor à Loja, ou seja, à Ordem, transcrevendo poema da lavra de Júnior Sobral extraído do seguinte site: http://www.youtube.com/watch?v=Y7cSp5a2MMg.

> *"Ser Maçom é ser homem sem defeito. É ser fiel às cores da bandeira.*
> *Ser Maçom é ter sempre sob o peito a pátria amada, nobre e sobranceira!*
> *Ser Maçom é ser reto e ser leal. Ser exemplo perante a sociedade.*
> *Ser Maçom é ser exemplo de seu lar. Ser bom e praticar a caridade.*
> *Ser Maçom é estar sempre de pé. Ser alerta alento aos perversos.*
> *Ser Maçom é ter crença e ter fé no G∴ A∴ D∴ U∴.*
> *Ser Maçom é ser comunicativo. É encarar a vida com alegria.*

Ser Maçom é ser nobre, ser altivo; bom esposo e bom chefe de família.
Ser Maçom é ser pródigo nos conselhos. É ser grande vivendo na humildade.
Ser Maçom é viver sendo um espelho que reflete virtudes e bondade!
Ser Maçom é sentir a dor alheia; da árvore da vida ser um galho.
Ser Maçom é viver com colmeia; unida no amor e no trabalho.
Ser Maçom é ser estudioso. Nos misteres da Loja ser profundo.
Ser Maçom é ser calmo, ser bondoso.
E ser de fato um cidadão do mundo."

REFERÊNCIAS BIBLIOGRÁFICAS:

FELIPE Jr., José. *Gestão e Liderança*. Disponível em: http://josefelipejr.blogspot.com/2009/02/pra-quem-nao-sabe-onde-quer-chegar.html. Acesso em: 25 set. 2011.

GRANDE ORIENTE DO BRASIL. Disponível em: http://www.gob.org.br/gob/ – Acesso em: 26 set. 2011.

Maçonaria – Disponível em: http://pt.wikipedia.org/wiki/Maconaria – Acesso em: 1° set. 2011.

NORONHA, Marcos A. P. – Anotações e reflexões.

NORONHA, Marcos A. P. – *Maçonaria e a Pátria – Passado, Presente e Futuro*. Disponível em: http://www.adl-df.org/ – Acesso em: 26 set. 2011.

NORONHA, Marcos A. P. – *Os Supremos Conselhos no Brasil do Rito Escocês Antigo e Aceito*. Revista "Ao Zenyte" n° 11. Editada pelo Grande Oriente do Distrito Federal.

SOBRAL, Júnior. *Ser Maçom*. Disponível em http://www.youtube.com/watch?v=Y7cSp5a2MMg – Acesso em 1º set. 2011.

ZVEITER, Waldemar – *Ética e Política sob a ótica da Maçonaria*. Audiência Pública na Câmara dos Deputados em agosto de 2007. Disponível em http://oblogdobode.blogspot.com/2010/09/etica-e-politica-sob-otica-da-maconaria.html – Acesso em 30 ago. 2011.

Editora Maçônica

A TROLHA

Redação, Diagramação,
Composição, Revisão, Arte-Final.

Rua Castro Alves, 835 – Jd. Shangri-lá A
Fone: (43) **3337-1982** – Fax: (43) **3326-0915**
CEP 86070-670 – Londrina – Paraná

Home Page: http://www.atrolha.com.br
E-Mail: redacao@atrolha.com.br